우리 몸이 전하는 하나님의 이야기

Our Bodies Tell God's Story

크리스토퍼 웨스트 저 / 안수연 옮김

도서출판 콜슨은
인간성의 회복, 바른 지혜와
분별력 있는 지성의 함양을 지향합니다.

Copyright © 2020 by Christopher West
Originally published in English under the title:
Our Bodies Tell God's Story by Brazos Press,
A division of Baker Publishing Group
P.O. Box 6287, Grand Rapids, MI 49516, U. S. A.
All Rights Reserved.

Used and translated by the permission of Baker Publishing Group
through rMaeng2, Seoul, Republic of Korea.

This Korean edition © 2025 by Colson Book Publishing,
Seoul, Republic of Korea

이 한국어판 책의 저작권은 저작권자인
Baker Publishing과의 계약으로
도서출판 콜슨에 있습니다.
저작권법에 의해 한국 내에서 보호를 받는
저작물이므로 무단 전재와 무단 복제를 금합니다.

이 책은 바른교육진흥원의 부분적인 지원으로
출판되었습니다.

우리 몸이 전하는 하나님의 이야기

초판 1쇄. 2025년 2월
지은이   크리스토퍼 웨스트
옮긴이   안수연
디자인   하유주
교정   하선희
펴낸이   이상현

펴낸곳   도서출판 콜슨
등록번호   제2021-000223호 2021. 7. 7
웹사이트   www.colsonbookpublishing.com
이메일   sleejes@naver.com
전화   070-7818-0475
ISBN 979-11-975330-6-8 (03230)
ⓒ 도서출판 콜슨, 2025

책값은 뒤표지에 있습니다.

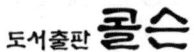

우리 몸이 전하는 하나님의 이야기

Our Bodies Tell God's Story

크리스토퍼 웨스트 저 / 안수연 옮김

추천의 글

"눈치 채지 못했을 수도 있지만, 서구 교회는 성(sex), 사회적 성(gender), 결혼, 가족의 의미와 관련된 세속화의 도전에 효과적으로 대응하지 못한 까닭에 심각한 위기에 처해 있다. 인간의 삶에서 가장 중심이 되는 이 개념들의 의미보다 더 중요한 것이 무엇이 있을까? 대중문화는 우리 몸과 인간의 사랑에 대한 무지개빛 달콤한 동화 같은 이야기를 전하고, 수많은 사람들은 교회에서 들어본 어떤 이야기들보다 그런 이야기들이 더 매력적이고 설득력 있다고 느낀다. 이 훌륭한 책의 저자와 나는, 우리 몸이 상상했던 것보다 훨씬 더 영광스럽고 초월적이며 강력하고 다차원적이고, 울림과 만족감을 주는 진정한 이야기를 전한다는 사실을 교회에 속해 있는 우리가 제대로 이해할 만한 준비가 되지 못했기 때문이라고 생각한다. 지금 우리에게 너무나 필요한 이 책에서 크리스토퍼 웨스트가 전달하고자 하는 메시지는 우리 몸이 *하나님의* 이야기를 들려준다는 것이다.

계몽주의는 생물학적 유기체로서 인간의 몸의 작용에 대해 무한히 많은 것을 가르쳐 주었다. 그러나 아이러니하게도 계몽주의는 남성과 여성으로 창조된 우리 몸의 지극히 심오한 의미에 대해 우리를 어둠 속에서 더듬게 했다. 계몽주의는 더 크고 웅장한 궁극적인 이야기의 일부에 불과한 축소판 이야기만 들려줄 뿐이다. 더 큰 이야기의 일부에 불과한 것을 전체라고 주장한다는 점에서, 그런 이야기는 엄밀히 말하면 "거짓"이자 "허구"다. 몸은 단순히 생물학적인 것이 아니다. 우리가 단지 생물학적 존재라고 말하는 것은 알버트 아인슈타인과 마더 테레사, 모차르트가 세포 덩어리일 뿐이라고 말하는 것과 같다. 웨스트의 다음과 같은 주장은 정확하다. "우리는 하나님의 형상을 따라 남자와 여자로 만들어졌기 때문에 몸은 *신학적*인 의미가 있다. 몸은 놀랍고 거룩한 이야기를 들려준다....즉 우리가 몸과 성을 잘못 이해하면, 하나님의 이야기도 잘못 이해하게 된다는 뜻이다."

　　이것이 성 혁명의 가치를 받아들인 것과 동시에 성경적 신앙을 잃어버리게 된 이유를 설명해 줄 수 있을까? 웨스트의 말이다. "성은 단순히 성관계에 관한 것이 아니다"라고 지적한다. "우리가 성을 이해하고 표현하는 방식은 우리가 누구이고, 하나님과 예수님이 누구시며, 교회가 무엇이며 (마땅히 어떠해야 하며) 사랑의 의미, 사회의 질서, 우주의 신비에 대한 우리의 가장 깊은 확신을 나타낸다."

　　이러한 주장은 대담하지만, 동시에 부인할 수 없을 정도로 강력하며 극적인 사실이기도 하다. 이 책을 읽다 보면 그것이 얼마나 참되며 필연적인지 독자들이 알 수 있도록 웨스트가 논거로 뒷받침하고 있다는 점을 알게 된다. 물론 이것은 그만의 생각이 아니다. 이 주제를 이런 방식으로는 처음 다룬 이 책에서 그는 20세기 가장 위대한 기독교 지도자로 여겨지는 인물의 통찰력을 기독교 독자들이 널리 이해할 수 있도록 했다. 나는 『위대한 일곱 남성들의 비밀』(Seven Men: And the Secret of Their Greatness)에서 가톨릭을 21세기로 이끈 요한 바오로 2세가 이 책 제목에 어울릴 만한 충분한 이유가 있다고 적은 바 있다. 기독교 역사는 요한 바오로 2세가 국가 주도의 무신론에 맞서 두려움 없이 그리스도를 증거했던 것을 증언한다. (그는 유럽 전역의 공산주의가 붕괴되는 데 중요하게 기여했다.) 더불어 교파 간 다리를 놓고자 끊임없이 노력했다. (심지어 개신교와 정교회에까지 손을 내밀어 교황권 재정립을 위한 도움을 요청하기도 했다.) 인간 생명의 존엄성을 위협하는 강력한 이념적 위협에 맞서 용감하게 방어하던 그의 모습을 기억하는 독자도 있을 것이다.

그러나 성과 사회적 성, 결혼에 대한 성경적 의미가 거의 소멸된 문화, 교회와 가정에서 그리스도인들이 이 문제로 계속 씨름하거나 싸움에 실패하는 오늘날 요한 바오로 2세가 남긴 가장 위대한 유산은 인간의 몸의 신학이라는 광범위한 성경적인 성찰일 것이다. 남자와 여자로 창조된 인간에 대한 담대하고 설득력 있으며, 소망을 주고 치유의 능력을 지닌 이 비전은 현재 교회와 세상을 괴롭히는 성적인 위기에 대한 해독제로 찬사를 받고 있다. 그러나 이 해독제가 널리 전파되려면, 이렇게 학문적이며 복잡한 강의가 전달하는 예리한 통찰을 일반 성도들이 쉽게 이해할 수 있는 언어로 풀어내야 할 필요가 있다.

그래서 크리스토퍼 웨스트의 이 책이 우리에게 전해진 기쁜 선물인 것이다.

웨스트는 1990년대 중반 주로 가톨릭 신자들을 대상으로 요한 바오로 2세의 『몸의 신학』(Theology of the Body)을 가르치기 시작했다. 이러한 노력은 곧 베스트셀러의 집필과 전 세계 강연으로 이어졌다. 2000년대 초반 성에 관한 공식 성명서의 초안을 작성하던 〈포커스 온 더 패밀리(Focus on the Family)〉 위원회가 웨스트에게 도움을 요청했을 때, 웨스트는 교황이 쓴 책을 거의 (또는 전혀) 읽지 않은 성도들을 위해 요한 바오로 2세의 성경 묵상집을 번역하는 일을 맡았다. 가톨릭 신자로 자랐지만 대학 시절 개신교도 형제자매들로부터 복음에 대해 많이 들었던 웨스트는 양쪽의 언어에 모두 능통하기 때문에 이 책을 쓰기에는 안성맞춤이다. 서문에서 웨스트는 그리스도를 향한 헌신과 하나님의 말씀에 대한 사랑으로 자신에게 영감을 준 개신교도 형제자매들에게 감사를 표했다. 독자들이 하나님의 말씀을 연구한 이 책에 점점 더 깊이 들어갈수록, 요한 바오로 2세의 "몸의 신학"을 그리스도인들이 접근하고 공감할 수 있도록 해 준 웨스트에게 감사의 마음을 느끼게 될 것이다.

에릭 메탁사스(Eric Metaxas)

차 례

추천의 글

들어가는 글 _ 11

Chapter 01
우리 몸이 전하는 하나님의 이야기 _ 17

Chapter 02
에덴동산에서의 성 _ 43

Chapter 03
성의 타락과 구속 _ 62

Chapter 04
천국에도 성관계가 있을까? _ 95

Chapter 05
심오한 비밀 _119

Chapter 06
그리스도와 교회를 예표하는 성 _140

Chapter 07
침실에도 계시는 하나님　　　　_164

맺는 글　　　　_189

미주　　　　_197

감사의 글　　　　_208

작가 소개　　　　_209

들어가는 글

"몸의 신학"(Theology of the Body)이
내 마음과 영혼에 미친 깊은 영향은
아무리 강조해도 지나치지 않는다.
우리 주 예수 그리스도 안에서 육체와 영이
어떻게 깊이 연합되어 있는지를 보여줌으로써
우리가 누구이며, 다른 사람이나 하나님과
어떻게 관계를 맺도록 부름을 받았는지와 같은
가장 심오한 질문에 기독교가 얼마나 깊이 있는
답을 제공하는지 깨닫게 해 주었다.
글렌 스텐튼(Glenn Stanton)

나는 스무 살 때 예수님께 나의 삶을 드렸다. 가톨릭 신자로 자라면서 '가톨릭식'으로 생활했다. 그러나 안타깝게도 다른 많은 가톨릭 신자들과 마찬가지로, 내면적으로 그리스도께 회심하지는 않았다. 나에게 예수님은 그저 종교적 "개념"이었고, 역사적 인물이었으며, 그분이 무엇을 의미하든 상관없이 거룩한 스승이었다. 하지만 개신교 교사와 설교자들의 영향을 받아 대학 시절 성경 공부를 시작하면서 극적인 회

심을 경험하기 전까지 인격적으로 그분을 나를 구원하신 주님으로 알지 못했다.

이상하게 보이겠지만, 내가 그리스도를 찾도록 압박한 힘은 미칠 듯이 휘몰아치며 흥분시키는 성의 문제였다.

나의 인생에서 욕망, 좀 더 구체적으로 말하자면 에로스, 즉 에로틱한 욕망은 꽤 일찍 시작되었다. 나는 종종 어떻게 대처해야 할지 모르는 굶주림과 갈증에 압도당했다. 하나님의 은혜를 입은 부모님과 가톨릭 학교 선생님들이 모두 도와주려고 노력했지만, 자기에게 없는 것을 줄 수는 없었다. 그 누구도 에로틱한 욕망에 대한 하나님의 계획의 진정한 아름다움과 영광에 자신을 맡긴 경험이 없기 때문에, 나를 도울 수 없었다. 나는 성에 대한 전통적인 성경적 "규칙"을 전달 받았고, 선생님들은 그 규칙을 어기는 것에 대한 두려움을 심어 주기 위해 최선을 다했지만, 나는 성도덕의 "그 무언가" 뒤에 숨은 "이유"에 대한 답은 들어본 적이 없었다.

알겠어요! 내가 어겨서는 안 되는 규칙은 알겠는데, 도대체 내 안에 있는 이 미친 욕망을 어떻게 하란 말인가요? 나에게 전해지는 기본적인 메시지는 성욕 자체가 "더럽고" "나쁘다"는 것이며, 억제하거나 어떠한 식으로든 억누를 필요가 있다는 것이었다. 그 경험을 이미지로 표현하자면, 내가 굶주림에 시달리는 상황에서 "기독교적" 교육이 제공할 수 있는 유일한 것은 단식 뿐인 것 같았다. 결국 그 굶주림은 너무 강해져서 규칙을 어기는 것에 대한 모든 두려움을 능가하게 되었다. 내 책 『이 마음을 채우소서』(Fill These Hearts)에서 쓴 것처럼, "사람이 굶는 데에는 한계가 있다. 그 후의 선택은 명확하다. 무언가를 먹거나, 아니면…굶어 죽을 것이다. 바로 이점 때문에 욕망에 탐닉함으로써 즉각

적인 만족을 보장하는 문화적인 '패스트푸드 복음'이 '굶으라는 단식 복음'으로부터 많은 개종자를 얻을 수밖에 없는 것이다."[1]

물론 패스트푸드를 먹는 것도 오래 가지 못한다. 각종 기름과 나트륨이 그 대가를 치루게 하기 때문이다. 마음껏 누리던 즐거움이 사라졌을 때, 나쁜 음식도 영양실조만큼이나 파괴적이라는 것을 깨닫게 되었다.

굶어 죽거나 식중독에 걸려 죽는 것, 이 두 가지가 배고픔을 해결하는 유일한 방법일까? 아픈 내 영혼에 생명을 불어넣을 수 있는 "좋은 음식"이 있을까? 나는 답을 원했다. 답이 필요했다! 하나님이 정말 계시다면, 우리에게 이토록 강렬한 성적 욕망을 주신 데는 분명히 어떤 계획이 있을 것이라고 생각했다. 그래서 1988년 대학 기숙사에서 절박한 심정으로 다음과 같은 간절한 기도를 드렸다.

하늘에 계신 하나님 아버지, 정말 존재하신다면 제게 보여주세요! 섹스와 관련된 모든 것이 무엇인지 알려 주세요. 저에게 대체 이 모든 욕망을 왜 주셨는지도 가르쳐 주세요. 이것이 저와 제가 아는 모든 사람들에게 많은 문제를 일으키고 있습니다. 도대체 당신의 계획이 무엇인가요? 계획이 있기나 한 건가요? 알려 주세요! 제발! 알려 달라구요!

그때부터 성경을 공부하기 시작했고, 결국 살아 계신 예수님을 인격적으로 만나게 되었다. 그분은 더이상 나에게 단순한 개념이 아니었다. 나는 그분의 부활의 능력을 극적으로 내 삶에서 경험하기 시작했다. 특히 성적인 깨어짐과 관련하여 예수님의 구원의 능력을 경험했다. 수년간 이기적이었던 성적 방종 끝에, 중독적인 환상, 태도와 행동으로부터 진정한 구원과 치유를 경험했다.

　회심 후 개신교와 가톨릭 신자들로 구성된 에큐메니컬 공동체의 일원이 되었다. 우리는 함께 성경 공부를 하고, A. W. 토저(A. W. Tozer), 앤드류 머레이(Andrew Murray), 워치만 니(Watchman Nee)의 책들을 공부하고, 함께 기도하고 전도하며, 헌신적인 기독교인들과 교제를 즐겼다. 하지만 이들 사이에는 성생활에 대한 깊은 두려움이 있었다. 성인 남성과 여성이 서로 어떻게 관계를 맺어야 할지 방법을 몰랐고, 대부분 따로 떨어져 지냈다. 데이트는 지도부의 "승인"을 받기 전까지 거의 금지되었고, 지도부는 기본적으로 개인의 자유를 존중하지 않은 채 누가 누구와 데이트할지 정해 주었다. 당연히 이렇게 엄격하게 통제된 관계의 이면에는 해결되지 않은 성적인 깨어짐들이 많이 존재했다.

　이 고통스러운 역기능적 상황 때문에 성에 대한 하나님의 계획에 대한 질문의 답을 구하기 위해 성경을 더 깊이 연구하게 되었다. 분명히 방종과 억압 이상의 무언가가 있을 거야! *패스트푸드를 먹는 것이나 단식하는 것보다 더 많은 것이 있을 거야! 주님, 당신의 계획은 무엇인가요?*

　약 3년 동안 기도하는 마음으로 하나님의 말씀을 집중적으로 연구한 결과, 나는 성경이 우리를 지상 낙원이었던 에덴에서의 결혼식에서 새 예루살렘인 천국의 결혼식으로 인도한다는 사실을 알게 되었다. 선지자들은 하나님의 백성에 대한 사랑을 묘사할 때 대담한 에로틱한 이미지를 사용했고, 아가서의 친밀한 사랑의 시는 천국에서 일어날 일을 엿보는 창문이며, 배우자가 "한 몸"으로 연합하는 것은 교회를 향한 그리스도의 사랑을 드러내는 "심오한 비밀"이라는 것을 알게 되었다(엡 5:31-32). 즉 성경에서 나타난 부부의 이미지는 그리스도 안에서 우리의 창조, 타락, 구속(redemption)의 전체적인 신비를 조명하면서 나의 신앙에 생명을 불어넣었다. 그렇다! 단식과 패스트푸드를 먹는 것 이상의 것이 정말 *있었다*! 그것은 *어린 양의 혼인 잔치*이다! 그리스도는 우리의 욕망을 *억누르시기(repress)* 위해 오신 게 아니라, 우리의 욕망을 *구속(redeem)하시고자* 오셨다. 인간의 배고픔과 목마름을 그분의 영원한 사랑의 잔치로 변화시키기 위해 오셨다.

당시 나는 불이 붙었다!…

우리 모두 이 문제에 대해 얼마나 절실히 도움이 필요한지 알고 있었기 때문에 나는 기독교 공동체의 열광적인 반응을 기대했다. 하지만 남자와 여자가 "한 몸"으로 연합하는 것이 성경의 신비를 푸는 황금 열쇠와 같다고 설명할 때, 무관심한 눈빛으로 바라보거나 더 심한 경우 거부하는 것을 경험하고 놀랐다. 혼란스러웠지만 좌절하지는 않았다. 그래서 다른 곳에서 인정을 받고자 했다. 한 고등학교 신학 선생님과의 운명적인 만남이 나의 인생을 완전히 바꿔 놓았다. "배우자"에 대해 내가 성경을 해석한 내용을 시험하는 질문을 하자 그녀는 "아, 요한 바오로 2세의 "몸의 신학"(Theology of the Body)을 읽으셨군요."라며 말을 끊었다. "그게 뭐죠?" 나는 물어보았다. 그녀는 "어머, 이미 읽으신 줄 알았어요. 지금 하시는 말씀이 바로 그분의 가르침처럼 들리는 걸요."

알고 보니 요한 바오로 2세가 로마의 주교로서 가르친 첫 주요 프로젝트는 남자와 여자를 향한 하나님의 계획에 관한 성경 공부였다. 그 내용은 5년에 걸쳐 진행될 정도로 매우 상세하고 포괄적이었다. 그 책은 남성과 여성으로 창조되었다는 것이 무엇을 의미하는지에 대해서 기독교 역사상 가장 심도 있게 다룬 성경적 비전이라고 할 수 있다. 1993년 처음 이 책을 읽었을 때, 새로운 종류의 성 혁명을 손에 쥐고 있다는 것을 알았고, 내 여생은 이 책을 연구하고 세상에 알리는데 쓰겠다고 생각했다.

처음에는 요한 바오로 2세의 심도 있는 학문적 연구를 주로 가톨릭의 맥락에서 번역하기 시작했다. 하지만 얼마 지나지 않아 그 내용은 교파를 초월해 널리 퍼져 나갔다. 지난 수년간 숱한 개신교 예배와 행사에 초청받아 강연할 수 있었던 것을 영광스럽고 감사하게 생각한다. 나는 "개신교인들, 특히 복음주의자들이 앞으로 점점 더 많이 몸의 신학을 받아들일 것"이라는 크레이그 카터(Craig Carter)의 예측에 동의하며, 그렇게 함으로써 "인간의 성과 가족에 대한 성경적 접근"을 통해 "제2의 성 혁명을 일으키는 위치에 서게 될 것"이라는 그의 예측에도 동의한다.[2]

나를 그리스도께 인도하고 하나님의 말씀을 사랑하도록 영감을 준 개신교 형제자매들에게 큰 감사의 빚을 지고 있다. 몸의 신학을 보다 이해하기 쉬운 언어로 번역하는 것이 이 책의 목표이자 작은 감사의 표시다.

Chapter 01

우리 몸이 전하는 하나님의 이야기

어리석은 몇몇 기독교인들은
기독교는 섹스나 몸을
원래 나쁘게 생각한다고 이야기한다.
하지만 그들은 틀렸다.

C. S. 루이스

1900년대 초, "정숙한" 여성은 공공장소에 나올 때 평균 11kg에 달하는 무게의 옷을 입었다. 발목만 보여도 스캔들을 일으킬 수 있었다. 그 후 100년 동안 시계추는 극단적으로 반대편으로 갔다. 오늘날에는 거의 옷을 입지 않은 인간의 몸으로 과도하게 성적 매력을 강조하는 이미지가 문화를 도배한다. 노골적이고 상세한 이미지의 음란물은 "생식에 관한 사실"(facts of life)에 있어 주요 참고 사항(main reference point)이 되었다.

성 혁명 이후의 세상에서 인간으로서 느끼는 가장 깊고 고통스러운 상처의 대부분이 "성"과 관련되어 있다는 사실이 놀라운 일인가? 여기에서 "성"이란 우리가 비밀리에 성기를 가지고 하는 행위 뿐만 아니라 남성과 여성으로서 바로 우리 자아에 대한 감각도 의미한다. 우리는 성별 차이의 본질적인 의미를, 개인적으로나 집단적으로, 또 의식적으로 지우고자 하는 성적으로 혼란스러운 세상에 살고 있다.

성 혁명에 대한 담대한 성경적 반응

이 모든 것은 기독교인들에게 엄청난 도전이 되었다. 그간 어떻게 대응해 왔을까? "새로운 도덕"이라 불릴 수도 있는 이것에 굴복한 사람들은 성경을 재해석해야 했고, 결국 많은 신자와 교단들이 기독교 신앙의 기본 교리를 포기하기에 이르렀다. 반면 전통적인 성경적 신앙과 도덕을 고수하던 기독교 지도자들은 점점 더 세속 문화의 영향을 받고 변화되어 가는 교인들을 설득할 수 있는 언어를 찾지 못하는 경우가 많아졌다. 자녀를 둔 부모들도 마찬가지였다. 철저히 냉담한 반응만 돌아올 뿐이었다. "성경에 이렇게 쓰여 있어"와 "하지 말라"는 말만으로는 사람들이 이른바 성 해방의 물결에 휩쓸려 버리는 것을 막을 수 없었다.

휴 헤프너(Hugh Hefner)가 〈플레이보이 잡지(Playboy)〉를 창간하던 1950년대 초, 폴란드의 철학자이자 신학자였던 젊은 신부 카롤 보이티와(Karol Wojtyla)는 해방이라는 현대적인 흐름에 대항하여 신선하고 대담하면서 설득력 있는 성경적인 대안을 조용히 준비하기 시작했다. 그는 전통적인 기독교 가치에 대한 확고한 신념을 지키면서도 현대 사회가 제기하는 도전에 대해서는 열린 마음을 가지고 세심하게 주의를 기울였다. 현대 철학을 공부한 그는 현대 남성과 여성의 사고방식을 잘 이해하고 있었으며, 그들의 마음과 정신에 울림을 줄 수 있는 방식으로 성에 대한 성경적 관점을 설명할 수 있다고 믿었다. 보이티와에게 있어 성 혁명의 문제점은 성을 과대평가하는 것이 아니라, 성이 지닌 진정한 가치를 제대로 인식하지 못한 것이었다. 그는 하나님의 몸과 성에 대한 계획의 완전한 아름다움과 찬란함을 보여 줄 수 있다면 예수님께서 사랑하신 것처럼 사랑할 수 있는 *진정한 자유*로 가는 길이 열릴 것이라 확신했다.

그 후 20년 동안 그는 강단과 대학 강의실에서, 데이트 중인 연인들과 약혼한 커플, 결혼한 부부와의 수많은 대화와 상담을 통해 자신의 관점을 지속적으로 다듬고 심화시켰다. (솔직한 질문이라면 어떤 주제든 제한하지 않았던 보이티와의 개방적이고 솔직한 접근 방식은 프란시스 쉐퍼의 방식과 매우 유사했다.) 1974년 12월, 크라쿠프 대주교가 된 그는 이 담대한 성경적 관점을 글로 옮기기 시작했다. 그는 자필로 쓴 원고의 첫 페이지에 "몸의 신학"이라는 제목을 붙였다.

이것은 성에 관한 전혀 다른 종류의 성경 공부였다. 부도덕에 대한 근거 구절을 찾기 위해 성경을 샅샅이 뒤지는 그런 진부한 시도가 아니었다. 그의 목표는 창세기부터 요한계시록까지 총 1,500개가 넘는 주요 구절을 검토하여 하나님의 계획 안에 있는 인간의 사랑에 대한 총체적인 관점을 그리는 것이었다. 보이티와가 현대 사회를 향해 한 말이다. "좋아요, 섹스에 대해 이야기할까요? 문제없어요. 하지만 *정말* 진지하게 이야기를 해 봅시다. 표면적인 것에서 멈추지 말자구요. 성경에서 말하는 성의 "심오한 비밀" 속으로 용감하게 함께 들어가 봅시다. 그렇게 한다면 우리가 감히 상상할 수 없었던 더 웅장하고 영광스러운 것을 발견하게 될 것입니다."

만약 세상이 듣게 할 수만 있다면 이것은 세상을 바꿀 수 있는 힘이 있는 관점이었다. 1978년 10월, 폴란드의 무명의 한 주교가 450년 만에 이탈리아인이 아닌 최초의 교황으로 선출되어 요한 바오로 2세라는 이름을 얻게 되면서 그 기회가 찾아왔다. 그 즈음 그는 폴란드에서 출

간할 계획으로 "몸의 신학"의 원고를 완성했다. 교황으로서 하는 첫 번째 중요한 교육 프로젝트의 주제로 이를 정했던 그는 1979년 9월부터 1984년 11월까지 129회 걸쳐 매주 조금씩 이 내용을 강연했다.

그러나 사람들이 이 심도 있는 성경 공부가 세상에 전달하는 의미를 이해하기까지는 시간이 조금 걸렸다. 예를 들어, 요한 바오로 2세의 전기를 쓴 작가 조지 바이겔(George Weigel)이 "몸의 신학"을 "아마도 21세기에 있어…가장 극적인 일종의 *신학적 시한폭탄*"이라고 묘사했던 시기는 1999년이었다. 요한 바오로 2세의 몸과 성적인 사랑에 대한 관점이 그리스도인들이 신앙을 실천하는 방식에 거의 영향을 미치지 않았지만, 바이겔은 일단 영향을 미치기 시작하면 기독교 신앙의 거의 모든 주요 교리에 "극적인 사고의 발전을 촉구하게 될 것"이라고 예측했다.[1]

하나님, 성, 인생의 의미

인간의 몸과 성이 기독교의 기본 교리와 어떤 관련이 있을까? 사실 이 둘은 유기적으로 깊게 연결되어 있다. 위에서 언급했듯이, 성에 대한 성경적 관점을 거부하는 것은 신앙의 실제 기본 원칙들을 거부하는 것으로 이어졌다. 사람이 하나님의 형상대로 남자과 여자로 만들어졌고(창 1:27 참고) "한 몸"을 이루는 것이 그리스도와 교회를 나타내는 "심오한 비밀"이라고 한다면(엡 5:31-32 참고) 몸과 성별, 성에 대한 이해는 하나님과 그리스도, 교회에 대한 이해에 직접적으로 영향을 미친다.

이 책을 통해 몸의 의미에 대해 질문하는 것은 신나는 여정이다. 그 여정 안에서 우리의 몸으로부터 성별 차이의 신비로, 성별 차이로부터는 "한 몸"이라는 교제의 신비로, "한 몸"이라는 교제로부터는 그리스도와 교회의 연합이라는 신비로, 그리스도와 교회의 연합으로부터는 가장 위대한 신비인 하나님 안에서 성부, 성자, 성령의 영원한 교제로 이끌리게 될 것이다. 이것이 바로 기독교 신앙의 핵심 교리다.

이미 살펴본 바와 같이 몸은 생물학적인 것만이 아니다. 우리는 하나님의 형상대로 남자와 여자로 창조되었기 때문에, 앞으로 자세히 설명하겠지만 몸은 신학적이다. 이것은 놀라운 하나님의 이야기를 전한다. 이것은 성별 차이라는 신비와 두 사람이 "한 몸"을 이루라는 부르심을 통해 정확하게 전달된다. 이는 우리가 몸과 성을 잘못 이해하면 하나님의 이야기도 잘못 이해하게 된다는 것을 의미한다.

성은 단순히 성관계에 관한 것이 아니다. 우리가 성을 이해하고 표현하는 방식은 우리가 누구며 하나님은 어떤 분이신지, 예수님은 어떤 분이시며 교회가 무엇이고 무엇이 되어야 하는지, 사랑의 의미, 사회의 질서, 우주의 신비에 대한 가장 깊은 신념을 가리킨다. 따라서 요한 바오로 2세의 몸의 신학은 성과 결혼한 부부의 사랑에 대한 성경적 고찰 그 이상이다. 이러한 심오한 비밀을 성찰함으로써 몸의 신학은 우리를 "존재 전체의 의미…즉 인생의 의미에 대한 재발견"으로 이끈다."[2]

그리스도는 우리 인생을 향한 최고의 뜻은 우리를 사랑하신 것 같이 우리도 서로 사랑하는 것이라고 가르치셨다(요15:12 참고). 요한 바오로 2세의 주요 통찰 중 하나는 하나님께서 우리를 남자와 여자로 창조하시고 "한 몸"이 되라고 부르심으로써 그가 사랑하듯이 서로 사랑하라는 소명을 우리 몸에 새겨 넣으셨다는 것이다(창2:24 참고). 우리가 몸과 성관계를 이해하는 방식은 그리스도인의 삶에서 부차적인 주제가 아니라 "성경 전체"[3]와 관련된다. 이는 우리를 "복음과 가르침, 더 나아가 그리스도의 사명에 대한 관점"[4]으로 이끈다.

그리스도의 사명은 우리를 성부이신 하나님 아버지와 화목하게 하고, 이를 통해 죄로 인해 심각하게 왜곡된 세상에서 사랑의 질서를 회복하는 것이다. 그리고 언제나 그렇듯 남녀의 연합은 인간의 "사랑의 질서"의 기초에 있다. 그러므로 우리가 "몸의 신학"에서 배우는 것은 분명히 "결혼과 관련된 중요한 것"이다. 그러나 그것은 일반적으로 "*인간을 이해하기* 위해 필수적이고 *타당한 것*이다. 즉 인간의 이해라는 근본적인 문제와 세상에서 자신의 존재를 이해하기 위해 필수적인 것이다."[5]

인생의 의미를 찾고 있는가? 존재에 대한 근본적인 질문을 이해하고 싶은가? 우리 몸이 바로 그 이야기를 전한다. 우리는 그 이야기를 제대로 "읽을" 줄 알아야 한다. 하지만 이것은 쉽지 않은 일이다. 남성과 여성으로 구현된 우리 몸의 "심오한 비밀"로 들어가려고 할 때 수많은 장애물, 편견, 금기, 두려움이 우리를 가로막을 수 있다. 사실, 우리의 인간성을 해체하고 더 나아가 기독교 신앙을 해체하려는 유혹은 지속적이고 강렬하다. 그러나 우리의 신앙은 *육신을 입은* 신앙이며 *모든 것*이 성육신에 달려 있다! 우리는 육신을 *벗어 버리지* 않도록 매우 조심해야 한다. 그리스도께서 육신을 입고 오신 것을 부인하는 것은 바로 적이 바라는 일이다(요일4:2-3 참고).

영과 육

오늘날 기독교는 "영적인 것"을 강조하는 데 익숙해져 있다. 그 결과 많은 기독교인이 육체적 영역, 특히 인간의 몸을 강조하는 것을 낯설어하고 때로는 불편해 한다. 그러나 이렇게 구분하는 것은 잘못되고 위험한 일이다. 하나님은 본질적으로 순수한 영이시기 때문에 영이 물질보다 우선한다. 그러나 하나님은 물리적 세계의 창조주이시며, 그분의 지혜로 영적 비밀을 전달하기 위해 물리적 현실을 설계하셨다. C. S. 루이스의 말이다. "인간은 하나님보다 더 영적인 존재가 되려고 아무리 애써 봐야 소용이 없습니다. 하나님은 원래 인간을 순전히 영적인 피조물로 만들지 않으셨기 때문입니다. 이것은 그가 떡이나 포도주 같은 물질을 사용해서 우리에게 새 생명을 주시는 이유입니다. 우리는 이것이 조잡하며 영적이지 못한 방법이라고 생각할 수 있습니다. 그러나 하나님은 그렇게 생각하시지 않습니다…그분은 물질을 좋아하십니다. 그분이 물질을 만드셨습니다."(6)

우리도 물질을 좋아해야 한다. 우리는 육신에 "갇힌" 천사가 아니기 때문이다. 우리는 육신을 지닌 영이며, 몸과 영혼, 육체와 영이 결합된 존재이다. 그리스도인으로서 "영적인 삶"을 산다는 것은 결코 물리적 세계로부터 도피하거나 이를 경시하는 것을 의미하지 않는다. 안타깝게도 많은 기독교인은 특히 자신의 몸과 성과 관련된 육체적 세계를 영적인 삶의 주요 장애물로 생각하며, 마치 물리적 세계 자체가 "나쁜" 것처럼 생각하며 성장한다. 이러한 생각의 대부분은 바울 서신에서 영육을 구분한 내용을 오역한 데서 비롯되었다고 본다(롬 8:1-17, 갈 5:16-26 참고).

바울이 "육"이라고 사용한 단어는 하나님의 "영"(in-spiration)에서 단절된, 즉 하나님의 내주하시는 영으로부터 단절된 전체 인격(몸과 영혼)을 가리킨다. 이는 악에게 지배된 사람을 일컫는다. 이런 의미에서 예수님께서도 "육은 무익하니라"(요 6:63)고 말씀하셨다. 그러나 "성령을 따라" 자신을 생명을 향해 열어 놓은 사람은 자신의 몸을 거부하지 않는다. 그리고 그의 몸이 바로 성령이 거하시는 곳이 된다. "너희 몸은 너희가 하나님께로부터 받은 바 너희 가운데 계신 성령의 전인 줄을 알지 못하느냐…그런즉 너희 몸으로 하나님께 영광을 돌리라"(고전 6:19-20).

우리는 몸과 영혼이 하나된 인격으로 성령을 맞이하고 성령이 우리 몸을 통해 일하시도록 허용함으로써 우리의 몸으로 하나님께 영광을 돌린다. 이런 방식으로 우리의 몸도 죽음에서 생명으로 "넘어간다." "예수를 죽은 자 가운데서 살리신 이의 영이 너희 안에 거하시면 그리스도 예수를 죽은 자 가운데서 살리신 이가 너희 안에 거하시는 그의 영으로 말미암아 너희 죽을 몸도 살리시리라"(롬 8:11).

기독교는 몸을 거부하지 않는다

종종 기독교로 오해 받는 "영은 선이고 육은 악"이라는 방식의 이원론은 실제로 "마니교"라고 불리는 고대 영지주의에서 범한 오류이며, 성경적 관점과는 거리가 멀다. 사실 이것은 기독교의 근본을 직접적으로 공격하는 것이다. 우리의 성에 대한 하나님의 영광스러운 계획을 재발견하려면 마니교에서 비롯된 우리 사고방식에 박혀 있는 습관과 싸울 필요가 있다. 그럼 이 부분을 좀 더 자세히 살펴보자.

마니교의 창시자인 마니(Mani) 또는 마니케오(Manichaeus)는 물질 세계가 악하다고 믿었기 때문에 육체와 성적인 모든 것을 정죄했다. 그러나 성경은 하나님이 창조하신 모든 것이 "매우 좋았다"고 분명히 말한다(창 1:31 참고). 이 점을 명심하는 것이 중요하다. 우리는 종종 마귀가 하나님의 "선한 세상"과 싸우기 위해 자신의 "악한 세상"을 창조한 것처럼 생각하며, 우리도 모르게 악에게 훨씬 더 과한 비중을 두기도 한다. 그러나 마귀는 창조자가 아니라 피조물이다. 그리고 이것은 *마귀가 자기만의 흙을 가지고 있지 않다는 것을 의미한다.* 그가 할 수 있는 것은 *하나님의* 창조 능력, 언제나 변함없이 아주 좋은 그 흙을 가져가 비틀고 왜곡하는 것뿐이다. 선을 뒤틀고 왜곡하는 이것이 바로 악이다. 그러므로 구속은 죄와 악이 뒤틀어 놓은 것을 되돌려 진정한 선을 회복시키는 것을 포함한다.

오늘날 세상에서 죄악이 몸과 성의 의미를 거의 알아볼 수 없을 정도로 왜곡해 놓았다. 그러나 해결책은 결코 몸 자체를 탓하거나 성을 거부하거나 회피하거나 거기서 도망치는 것이 아니다. 이러한 접근 방식은 본질적으로 영지주의적이고 마니교적인 접근 방식이다. 그리고 그것이 우리의 접근 방식이라면 우리는 마귀의 거짓말을 극복하지 못한 것이다. 마귀의 함정에 빠진 것이다. 마귀의 근본적인 목표는 항상 육체와 영혼을 분리하는 것이다. 왜 그럴까? 육체와 영혼의 분리를 가리키는 기막힌 단어가 있다. 아마 들어보았을 것이다. 그것은 죽음이다. 모든 이단들과 마찬가지로 마니교가 인도하는 곳이 바로 죽음이다.

현재 만연해 있는 몸에 대한 모든 음란한 왜곡에 대항하는 진정한 해결책은 몸을 *거부(rejection)*하는 것이 아니라 *구속(redemption)*하는 것이다(롬 8:23 참고). 죄로 뒤틀린 것을 바로잡아 몸의 진정한 영광과 찬란함, 헤아릴 수 없는 가치를 회복할 수 있게 하는 것이 바로 몸의 *구속(redemption* of the body)이다. 요한 바오로 2세는 몸에 대한 마니교적 접근과 기독교적 접근 사이의 중요한 차이점을 다음과 같이 요약했다. 마니교 정신이 몸과 성의 "가치를 반대"하는 것이라면, 기독교는 몸과 성을 "항상 '가치를 충분히 인정받지 못한 채' 남아 있는 것"이라 가르친다.[7] 다시 말해, 마니교가 "육신은 나쁘다"고 한다면 기독교는 "몸은 너무 좋은 것이라서 우리가 아직 다 헤아리지 못하는 것"이라고 한다.

기독교는 몸을 거부하지 않는다! 이 말이 충분히 이해되고 우리의 상처를 치유할 때까지 우리는 크고 분명하게, 반복해서 이 말을 해야 한다. C. S. 루이스의 주장과 같이, "기독교는 위대한 종교 중에서 육체를 철저히 인정하는 거의 유일한 종교로, 물질은 선한 것이고 하나님 자신도 인간의 몸을 입으신 적이 있다는 것을 믿으며, 또한 우리는 천국에서 새로운 종류의 몸을 갖게 될 텐데 그 몸은 우리의 행복이나 아름다움이나 활력의 핵심적인 부분이 되리라는 것을 믿는 종교이다."[8]

물론, 이 세상에서 우리 몸이 종종 큰 불행과 때로는 끔찍한 고통의 원천이 된다는 사실을 인정하지 않는 것은 잘못된 것이다. 유전적 결함, 질병, 질환, 부상, 기타 수많은 병과 불행, 피할 수 없는 죽음은 육체적 존재를 혐오하게 만들 수 있다. 그러나 그리스도의 육체적 고난과 죽음에 연합하면, 육체적 질병과 불행은 우리와 다른 사람들을 구원하는 것이 될 수 있다. 언젠가 들은 말처럼, 고통은 우리를 *무너뜨릴(break us)* 수도 있고, *깨어져* 그리스도의 신비에 *눈뜨게(break us open)* 할 수도 있다. 매튜 리 앤더슨(Matthew Lee Anderson)은 이 역설을 잘 표현했다. "이것이 바로 몸의 역설이다. 몸은 성전이지만 성전은 폐허가 되어 있다. 예수님의 성육신은 몸이 본래 선한 것임을 확증했다. 예수님의 죽음은 구속의 필요성을 상기시켰다. 예수님의 부활은 그 회복에 대한 소망을 준다."[9]

육신이 된 말씀

몸의 근본적인 *선함*과 몸의 구속에 대한 소망을 확립하는 것은 하나의 일이다. 하지만 왜 몸이 하나님을 연구하는 "신학"이 되는가?

우리는 하나님을 볼 수 없다. 순수한 영이신 하나님은 우리의 시야 너머에 계신다. 하지만 성경은 보이지 않는 하나님이 자신을 보이게 하셨다고 가르친다. "태초부터 있는 생명의 말씀에 관하여는 우리가 들은 바요 눈으로 본 바요 자세히 보고 우리의 손으로 만진 바라 이 생명이 나타내신 바 된지라 이 영원한 생명을 우리가 보았고 증언하여 너희에게 전하노니 이는 아버지와 함께 계시다가 우리에게 나타내신 바 된 이시니라"(요일 1:1-2).

요한과 다른 제자들은 "태초부터 있던 것"을 어떻게 *보았을까*? 그들은 "생명의 말씀"을 어떻게 *만졌을까*? "말씀이 육신이 되어...우리가 그의 영광을 보니"(요 1:14). 우리 신앙의 모든 것은 하나님의 아들의 성육신, 즉 그리스도의 육신, 그리고 그분이 취하신 우리의 육신은 하나님의 비밀을 드러내고 보이지 않는 것을 보이게 하는 능력을 가졌다는 생각에 달려 있다.

"몸의 신학"이라는 표현이 이상하게 느껴진다면, 아마도 우리가 성경이 하는 것만큼 성육신의 실체를 진지하게 받아들이지 않았기 때문일 것이다. 우리가 크리스마스를 믿는다면 인간의 몸을 "하나님에 대한 연구"로 여기는 것은 놀라운 일이 아니다. "하나님의 말씀이 육신이 되었다는 사실을 통해 몸은 신학으로...정문을 통과해서 들어왔다."[10]

그러므로 "몸의 신학"은 성과 결혼에 관한 요한 바오로 2세의 강의 시리즈 제목일 뿐만 아니라 기독교의 *논리*를 잘 표현하는 용어이다. 기독교의 *모든 것*은 하나님의 아들이 성육신하신 것에 달려 있다는 사실을 마음에 새겨질 때까지 이를 말하고 또 말해야 한다.

주제문

이제 요한 바오로 2세가 전체적인 관점을 그려 낸 "몸의 신학"의 주제가 되는 논지를 살펴보자. 엄청나게 치밀한 내용이지만, 이 책의 나머지 부분을 통해서 설명할 거라 미리 걱정할 필요는 없다. "오직 몸만이 보이지 않는 것, 즉 영적이고 거룩한 것을 보이게 할 수 있다. 몸은 하나님 안에 영원부터 감추어진 비밀이 세상에서 눈에 보이는 현실로 나타나도록 창조되었으며, 그 비밀의 표시가 된다."(11)

첫 문장부터 시작해보자. 인간으로서 우리의 경험을 떠올려 보자. 몸은 단순히 우리가 거주하는 "껍데기"가 아니다. 몸은 단순히 *하나의* 육체 덩어리가 아니다. 몸은 그냥 *아무* 몸이 아니다. 당신의 몸은 바로 당신 *자신*이다! 몸과 영혼의 심오한 일치를 통해 몸은 영적인 영혼의 보이지 않는 실체를 *드러내거나* "보이게" 한다. "당신"이라는 존재는 단순히 몸 "안"에 있는 영혼이 아니다. 당신의 몸은 당신이 "가지고 있거나" "소유"하는 것이 아니다. 당신의 몸 자체가 바로 당신이다. 누군가 화가 나서 당신의 턱을 부러뜨렸다면, 당신은 그를 "재물 손괴"가 아닌 "폭행"으로 법정에 세울 것이다. 우리가 몸으로 하는 일과 우리 몸에 가해지는 일은 우리 *스스로에게* 하는 일이거나 가해지는 일이다.

다시 한번 말하지만, 우리 몸은 보이지 않는 것, 영적인 것…*신성한* 것을 보이도록 한다. 우리는 남자와 여자로서 하나님의 형상대로 만들어지지 않았는가(창 1:27 참고)? 이는 성별로 우리 몸을 구별해서 만드신 것 자체가 하나님의 비밀을 드러낸다는 의미이다. "몸의 신학"이라는 말은 남자와 여자는 하나님의 형상을 담고 있다는 성경의 근본적인 진리를 또 다른 방식으로 표현한 것이다.

물론 우리 몸이 하나님은 아니다. 오히려 하나님의 이미지나 예표가 된다. 예표는 그 너머의 실재를 가리키며, 어떤 방식으로 그 실체를 우리에게 드러나도록 한다. 하나님의 비밀은 항상 무한히 "저 너머"에 존재하며, 어떤 표지로 축소될 수 없다. 그러나 예표는 보이지 않는 비밀을 보이게 하는 데 꼭 필요하다. 인간은 의사소통을 위해 예표와 상징이 필요하다. 이 외에 다른 방법은 없다. 하나님과의 관계에서도 마찬가지다. 하나님은 "예표적 언어"로 우리에게 말씀하신다.

비극적인 일이지만, 타락 이후 몸을 객관적이 아니라 주관적으로 인식하는 데 있어 "몸은 예표로서의 성격을 잃어버렸다."[12] 다시 말해, 몸은 그 자체로 여전히 하나님의 예표적 언어를 말하고 있지만 우리가 읽을 줄을 모르게 된 것이다. 우리는 몸의 진정한 의미와 아름다움을 볼 줄 모른다. 그 결과, 몸을 영적이고 신성한 영역에서 완전히 분리된, 육체적이고 물리적인 어떤 "것"으로만 생각하는 경향이 있다. 슬프게도 우리 몸이 "하나님 안에 감추어진 비밀"을 드러내는 표시라는 사실을 전혀 알지도 못한 채 평생을 기독교인으로 살아갈 수도 있다.

하나님의 비밀

바울은 예수 그리스도의 사도로서 자신의 사명을 "영원부터 만물을 창조하신 하나님 속에 감추어졌던 비밀의 경륜이 어떠한 것을 모든 사람에게 드러내게 하려 하심이라"라고 기록했다(엡 3:9). "하나님 속에 감추어졌던 비밀"이란 무엇이며, 어떻게 하면 "모든 사람에게 명백히 드러나게 할 수 있을까?"

구체적인 의미에서 바울은 "이방인도 이스라엘과 함께 상속자"(엡 3:6)라는 사실에 대해 이야기하고 있다. 더 넓은 의미에서 "비밀, 신비"(mystery)라는 성경적 용어는 하나님의 가장 내밀한 "비밀"(secret)과 인류를 향한 그분의 영원한 계획을 일컫는다. 이러한 것들은 우리의 모든 이해를 뛰어넘는다. 따라서 이를 "비밀"이라고만 표현할 수 있을 뿐이다. 그러나 하나님의 비밀은 우리가 어떤 신성한 퍼즐을 해독할 수 있는 능력에 달린 것이 아니라 하나님께서 예수 그리스도 안에서 그것이 드러나게 하셨기 때문에 우리가 "알 수 있는" 것이다.

예수님은 하나님의 가장 깊은 비밀에 대해 무엇을 알려 주셨을까? 애즈베리 대학의 전 총장이었던 데니스 킨로(Dennis Kinlaw)는 이를 상당히 잘 요약했다. 그는 예수님이 "하나님의 삶을 '내부'에서 본 모습"을 우리에게 보여 주셨다고 했다. 이러한 관점에서 "우리는 하나님을 이해하는 열쇠, 즉 *자신을 내어주는 사랑*을 발견하게 된다…사랑은 그 복된 삼위일체의 세 위격이 본질적으로 공유하는 그분의 내적인 생명, 신성한 생명이다."[13]

하나님은 폭군이 아니다. 노예를 부리는 감독관도 아니고, 입법자나 법률가도 아니다. 우리가 잘못할 때마다 때리려고 기다리는 흰 수염을 기른 노인은 결코 아니다. 하나님은 영원한 사랑과 지복이다. 요한 바오로 2세가 선호하는 표현을 빌리자면 그분은 무한한 "인격의 연합"이다. 그분이 우리를 창조하신 이유는 단 하나, 바로 그분의 영원한 사랑과 지복을 우리에게 주시기 위해서이다. 이것이 바로 복음이 *기쁜 소식*인 이유다. 우리 마음의 굶주린 외침에 상응하는 사랑의 잔치가 있으며, 그것은 대가 없이 우리에게 거저 주시는 하나님의 선물이다! 그분은 "창세 전에"(엡 1:4) 우리를 그리스도 안에서 그분의 가족으로, 그분의 사랑 안에서 함께 나눌 자로 예정하셨다(엡 1:9-14 참고).

킨로는 "구원은 성부로부터 성자를 통해 성령으로 주어지는 선물로, 단지 하나님과의 용서와 화목에 그치지 않고, 하나님의 삼위일체 세 위격의 연합에 참여하게 하는 것이다."라고 했다.[14]

이것이 바로 바울이 "모든 성도에게 분명히 밝히고자" 했던 "하나님

속에 감추어졌던 비밀의 경륜"이다. 그가 이것을 어떻게 밝혀낼 수 있었을까? 에베소서 5장에서 바울은 이 "비밀"이 우리로부터 멀리 떨어져 있지 않다고 말한다. 그것을 찾으려고 높은 산을 오를 필요가 없다. 바다를 건널 필요도 없다. 그것은 이미 하나님께서 우리를 남자와 여자로 창조하시고 그 둘을 "한 몸"이 되도록 부르셨을 때 우리에게 주신 몸처럼 이미 우리에게 "명백한" 사실이다. 우리는 그것을 보기 위해 하나님의 예표적 언어를 읽을 수 있는 능력을 회복하기만 하면 된다.

성경이 말하는 결혼 이야기

성경은 하나님의 사랑을 이해하는 데 도움을 주는 많은 이미지를 사용한다. 각각의 이미지마다 소중한 의미를 지닌다. 그러나 십자가에서 그리스도의 몸을 선물로 주신 것은 "하나님의 사랑이 지닌 배우자의 의미에 결정적인 중요성을 부여한다."[15]

사실, 성경은 우리의 창조, 타락, 구속의 비밀 속에서 처음부터 끝까지 부부의 사랑에 대한 언약의 이야기를 들려준다.

성경은 창세기에서 최초의 남자와 여자의 혼인으로 시작하여 요한계시록에서 그리스도와 교회의 혼인으로 끝난다. 이 책은 이렇게 결혼으로 시작해서 결혼으로 끝나기 때문에 그 사이에 있는 모든 내용을 이해할 수 있도록 해 주는 열쇠를 제공한다. 사실, 성경의 모든 내용을 간단히 한 문장으로 요약할 수 있다. *하나님은 우리와 결혼하기 원하신다.*

> 마치 청년이 처녀와 결혼함 같이
> 네 아들들이 너를 취하겠고
> 신랑이 신부를 기뻐함 같이

> 네 하나님이 너를 기뻐하시리라(사 62:5)

> 네가 크게 자라고 심히 아름다우며 유방이 뚜렷하고 네 머리털이 자랐으나 네가 여전히 벌거벗은 알몸이더라 내가 네 곁으로 지나며 보니 네 때가 사랑을 할 만한 때라…내 옷으로 너를 덮어 벌거벗은 것을 가리고 네게 맹세하고 언약하여 너를 내게 속하게 하였느니라 나 주 여호와의 말이니라(겔 16:7-8)

> 내가 네게 장가들어 영원히 살되
> 공의와 정의와 은총과 긍휼히 여김으로
> 네게 장가들며 진실함으로 네게 장가들리니
> 네가 여호와를 알리라(호 2:19-20)

하나님은 다시 반복할 수 없는 독특한 방식으로 우리 각자를 그분과의 상상할 수 없는 친밀함, 즉 "한 몸"을 이루는 부부의 친밀함으로 초대하신다. 하나님의 형상의 참된 거룩함과 신성함을 되찾기 위해 약간의 불편함이나 두려움을 극복해야 할 수는 있지만, 성경은 하나님의 백성에 대한 사랑을 대담하게 에로틱한 이미지로 묘사한다는 상당히 놀라운 진리를 담고 있다. 아마 이 사랑을 희생적이고 자신을 내어주는 사랑을 뜻하는 그리스어인 *아가페(agape)*로 묘사하는 것이 더 익숙하고 편안할 것이다. 그러나 성경의 가장 놀라운 계시 중 하나는 하나님이 신랑으로서 모든 열정을 다해 *에로스적(eros)*으로 사랑하신다는 것, 즉 완전히 아가페적인 에로스라는 것이다.

아가서만 살펴봐도 그 모습을 찾을 수 있다. 이 거리낌 없는 에로틱한 사랑의 잔치는 성경에서 말하는 부부의 친밀함을 기념할 뿐만 아니라, 하나님이 백성을 얼마나 사랑하는지 보여주는 이미지로서, 그리스도의 교회를 향한 사랑으로 성취된다. 그리고 아가서는 성경의 부수적인 이야기가 아니다. 사실, 성경의 맨 중앙에 있는 데에는 이유가 있다(독자의 성경이 총 1천쪽이라면 5백쪽 정도에 아가서가 있다는 사실을 눈여겨 보라). 역사상 가장 위대한 성인들은 이 에로틱한 사랑의 시를 성경적 신앙의 본질, 즉 하나님은 우리를 사랑하실 뿐만 아니라 예수 그리스도 안에서 우리와 영원한 혼인 관계를 맺으실 정도로 우리를 전적으로 사랑하신다는 사실을 표현한 것으로 이해했다. 성경은 이를 "어린 양의 혼인"이라고 부른다(계 19:7).

하지만 더 있다. 우리가 어릴 적 배웠던 "사랑이 제일 먼저, 그 다음엔 결혼이, 그 다음엔 유모차에 탄 아기가 오는구나"라는 간단한 시를 기억하는가? 우리가 실제로 *몸의* 신학이라는 심오한 *신학*을 노래하는 거였다는 사실을 깨닫지 못했을 것이다! 우리의 몸은 하나님이 우리를 사랑하시고, 우리와 혼인 관계를 맺기 원하시며, 신부된 우리 안에서 그분의 영원한 생명을 "잉태"시키기 원하신다는 이야기를 전한다. 그리고 이것은 단순한 비유가 아니다. 2천 년 전 한 젊은 유대 여인이 하나님의 청혼에 전적으로 신실하게 순종했다. 그 여인은 말 그대로 자신의 자궁에서 영원한 생명을 잉태했다. 이 급진적인 순종이 기독교인들이 항상 마리아를 존경하는 이유다. 마리아는 성도가 된다는 것과 예수님께 마음을 열고 그분의 신성한 생명을 받아들이는 것이 무엇을 의미하는지를 보여 주는 완벽한 모델이다. (물론 남성들에게 신부의 이미지는 불편함을 유발할 수 있다는 것을 안다. 하지만 이렇게 생각해 보자. 예수님은 미식 축구에서 공격을 지휘하는 쿼터백이고 남성인 우리는 쿼터백의 패스를 받는 게 주 임무인 수비수이다. 우리의 임무는 우리 자신을 열어 두는 것이다!)

부부의 비유의 절정

부부의 사랑이라는 성경적 비유를 펼쳐 나갈 때, 이러한 언어와 이미지가 사용되는 경계를 이해하는 것이 매우 중요하다. 물론 비유는 유사성과 실질적 비유사성을 항상 동시에 나타낸다. 이 점을 인식하지 않으면, 하나님의 실체에 대한 너무 많은 부분을 인간의 현실에 비추어 추론할 위험이 있다.

"확실히 인간의 부부의 사랑에 대한…비유는 하나님의 비밀을…완벽하고 적절하게 이해시킬 수는 없다." 하나님의 "*비밀*은 다른 비유와 마찬가지로 *이 비유와 관련하여 초월적인 것*으로 남아 있다." 그러나 동시에 신랑의 비유는 이 비밀의 본질에 어떤 방식으로 "침투"할 수 있게 해 준다.[16] 에베소서 5장에서 사도 바울만큼 이 본질을 깊이 있게 다룬 성경의 다른 저자는 없다.

바울은 창세기 2장 24절, "이러므로 남자가 부모를 떠나 그의 아내와 합하여 둘이 한 몸을 이룰지로다"를 직접 인용했다. 이어 최초의 결혼과 최종 결혼을 연결하면서 다음과 같이 첨언했다. "이 비밀이 크도다 나는 그리스도와 교회에 대하여 말하노라"(엡 5:31-32). 성령의 감동을 받은 바울은 결혼의 친밀함을 통해 기독교의 비밀의 일부를 드러내는 데 그치지 않는다. 오히려 부부의 연합은 우리가 그리스도와 연합하는 실체, 즉 구원의 실체 자체를 전체적으로 보여 준다. 마틴 루터는 다음과 같이 설명한다. "[믿음은] 신부가 신랑과 연합하듯 영혼을 그리스도와 연합시킨다…그리스도는 은혜와 생명과 구원으로 충만하다. 영혼은 죄와 죽음과 저주로 가득 차 있다. 믿음이 이들 사이에 오면 죄와 죽음과 저주는 그리스도의 것이 되고 은혜와 생명과 구원은 그 영혼의 것이 될 것이다. 그리스도가 신랑이라면 신부의 것을 취하고 자신의 것을 신부에게 주어야 하기 때문이다."[17]

신부와 하나가 되기 위해 신부 대신 죽음을 겪으면서 자신의 영원한 생명을 신부에게 주는 것보다 더 설득력 있는 사랑의 증거가 있을까? 고대인들은 이 신랑의 구원 이야기에 몰입한 나머지 "엄청난 에로스"[18]가 "십자가의 혼인 침대"[19]에서 드러난 일에 대해 이야기하는 일이 흔했다. 이 모든 내용이 에베소서 5장 31~32절에 드러나 있기 때문에 요한 바오로 2세는 이 구절이 성경 전체 주제의 "정점" 즉 거룩한 전체 계시의 "중심 실체"를 완성한다고 보았다.[20] 이 구절에서 언급된 비밀은 "참으로 *'위대'*"한 것이다. "이것이 바로 하나님께서…자신의 말씀을 통해 인류에게 무엇보다도 더 전하고자 하시는 것이다."[21]

하지만 좀 더 구체적으로 살펴보자. 창세기 2장 24절은 그리스도와 교회를 어떻게 언급하고 있을까? 새 아담이신 예수님은 하늘에 계신 아버지로부터 "떠났다." 그는 지상의 어머니 집도 떠났다. 왜 그랬을까? (교회인) 신부를 위해 자신의 몸을 내어주어 그녀와 성찬에 함께 참예하기 위해서였다. 떡을 떼는 순간 "신랑이 신부와 하나가 되듯 예수님께서 그분의 '몸'과 하나가 되셨다. 에베소서에 이 모든 내용이 담겨 있다."[22]

이 영광스러운 진리를 한 가족의 이야기를 예로 들어 보자. 나는 장인어른을 한 번도 뵌 적이 없다. 아내가 어렸을 때 돌아가셨기 때문이다. 하지만 장인어른이 새신랑이었던 시절 보여주셨던 직관 때문에 그분을 무척 존경한다. 첫날밤을 치른 후, 결혼식 다음 날 장인어른은 교회에서 성찬을 받고 자리에 돌아와 눈물을 흘리셨다고 한다. 이유를 묻는 신부에게 그분은 "내 인생 처음으로 '이것은 너희를 위하여 주는 내 몸이니라'는 말씀의 의미를 이해했어."라고 답했다고 한다.

여기서 오해하지 말자. 모든 안개가 걷히고 모든 왜곡된 것들이 풀릴 때, 인간의 성의 가장 심오한 의미와 목적은 우리를 "어린 양의 혼인 잔치"(계 19:9)로 이끄는 것이다. 즉, 하나님은 처음부터 그리스도와 교회의 거룩한 연합을 예고하는 "거룩한 교제" 속에서 살도록 우리를 남자와 여자로 창조하셨다. 이것이 바로 결혼과 성에 관한 질문이 우리를 *선과 악의 세력이 서로 싸우는 상황*"의 중심에 놓이게 하는 이유이다.[23]

몸과 영적 싸움

하나님이 영원한 사랑의 비밀을 선포하기 위해 몸과 성적 결합을 창조하셨는데, 보통 사람들이 이를 심오하게 보고 경험하지 않는 이유는 무엇일까? 예를 들어, "성(sex)"이라는 단어를 들으면 일반적으로 무엇이 떠오르는가? 에베소서 5장의 "심오한 비밀"이 떠오르는가? 아니면 그것보다는 조금 덜 신성한 것인가? 몸이 하나님의 비밀을 예표하는 것으로서의 성격을 잃은 것은 죄 때문이라는 점을 기억하자.

잠시 깊이 생각해 보자. 남녀의 결합이 이 세상에서 우리가 하나님과 연합하라는 부름을 받았다는 본래 예표이고, 하나님으로부터 우리를 분리하려는 원수가 있다면, 그 원수는 어디로 가장 독한 화살을 겨눌까? 이 세상에서 가장 성스러운 것이 무엇인지 알고 싶다면, 가장 폭력적으로 더럽혀진 것을 찾아보면 된다.

그 원수는 몸과 성이 하나님의 비밀을 선포하기 위한 것이라는 사실을 알고 있다. 그의 입장에서는 *이 사실이 반드시 선포되지 못하게 막아*

야 한다. 그래서 남성과 여성이 *자신의 몸이 전하는 하나님의 비밀을 인식하지 못하도록 반드시 막아야 한다.* 이것이 바로 뱀이 부추겨 원죄가 들어오게끔 눈을 멀게 만든 것이다. 수많은 상처와 인간의 불행이 바로 여기서 비롯되었다. 좋은 소식은 그리스도께서 눈 먼 자들이 다시 보게 되는 회복을 선포하기 위해 오셨다는 것이다(눅 4:18 참고).

지금 우리가 명심해야 할 점은 인간의 영혼에 대한 싸움은 그의 몸에 대한 진리를 놓고 벌이는 싸움이라는 것이다. 바울이 에베소서 5장에서 "한 몸"을 이루는 연합이라는 "심오한 비밀"을 설명한 다음 이어서 에베소서 6장에서 선과 악 사이의 우주적 전투에서 갑옷을 입고 무장하라고 명령한 것은 우연이 아니다. 가족과 생명의 근원인 남녀의 연합은 "선과 악, 생명과 죽음, 사랑과 사랑에 반대되는 모든 것 사이의 거대한 전투의 중심에 놓여 있다."[24]

그래서 바울은 영적 싸움에서 승리하기 위해 가장 먼저 해야 할 일은, 진리로 허리띠를 띠는 것이라고 했다(엡 6:14 참고). "몸의 신학"은 모든 남성과 여성이 자유롭게 사랑하게 하는 진리로 허리를 동이라고 강력하게 부르짖는 것이다.

윤리와 문화의 기초

성관계와 결혼의 의미에 대한 문화적 논쟁에 걸려 있는 위험은 엄청나다. 성관계가 있는 곳에 결혼이 있고, 결혼이 있는 곳에 가족도 있다. 가족이 사회의 기본 단위이기 때문에 가족이 있는 곳에 문화도 있기 마련이다. 그렇기 때문에 성도덕에 대한 혼란은 "일반적으로 인식되는 것보다 더 큰 위험, 즉 인간의 가장 기본적이고 근본적인 성향, 즉 인간을 존재하게 만드는 중요한 통로를 혼란스럽게 할 위험을 수반한다. 이러

한 혼란은 인간의 모든 영적인 상태에 분명히 영향을 미칠 것이다."⁽²⁵⁾

성관계가 인간의 존재라는 바로 그 현실과 얼마나 밀접하게 연관되어 있는지 생각해 보자. 당신은 부모의 성적인 결합 없이 존재할 수 없다…이는 당신의 부모에게도 해당하는 이야기이며…그 부모의…부모도 성적인 결합 없이 존재할 수 없다. 모든 인간은 수천, 수만 번의 필수 불가결한 성적인 결합의 최종 결과물이다. 가계도에서 몇 세대를 거슬러 올라가서 혈통에서 단 하나의 성적 결합만 제거해도 당신은 존재하지 않았을 것이다. 그 결합의 후손인 그 어느 누구도 존재하지 않았을 것이다. 세상은 다른 곳이 되었을 것이다.

우리가 성에 대한 하나님의 계획을 건드리는 것은 인간 존재의 우주적 흐름을 건드리는 것이다. 인류의 존재와 적절한 균형은 문자 그대로 누가 누구와 어떤 방식으로 성관계를 갖느냐에 따라 결정된다. 성적 결합이 사랑과 생명을 지향할 때, 사랑과 생명의 진리를 실천하는 가정과 문화가 형성된다. 반대로 사랑과 생명에 반하는 성행위는 죽음을 낳는다. 암울하지만 단호하고 명확하게 이것을 "죽음의 문화"라고 표현할 수 있다.

성관계와 생명 전체의 상호 연결성

죽음의 문화는 육체와 영혼을 분리시키는 문화다. (바로 이것이 죽음이라는 점을 기억하자). 죽음의 문화는 몸을 신성한 것은 물론이고 영적인 것의 "예표"로 인식할 수 없다. 그것은 부부의 사랑과 출산의 "심오한 비밀"을 인식하지 못한다. 대신 성관계는 단순히 쾌락을 추구하는 것으로 축소된다.

물론 성적 쾌락은 하나님이 주신 큰 축복이자 선물이다. 그러나 그것은 그 자체가 목적이 아니라, 사랑하는 데 따르는 사랑의 결실로 여겨져야 한다. 쾌락이 성관계의 주된 목표가 되면 사회는 공리주의적으로 변한다. 쓸모 있는 사람만 가치를 인정받게 된다. 이 경우, 성적으로 자극적인 사람만 "쓸모 있는" 사람이 된다. 그렇지 않거나 내 쾌락을 방해하는 사람은 무시당하고 버려지고, 심지어 제거될 수도 있다. 쾌락이 성관계의 주된 목표가 되면 사람은 수단이 되고 아기는 장애물이 된다. 그래서 쾌락은 취하고 자신의 자녀는 죽이는 것이다. 지금 종말론적 미래를 끔찍하게 예측하는 게 아니다. *이것이 바로 지금 우리가 살고 있는 문화, 즉 죽음의 문화다.*

그렇기 때문에 "성과 사랑, 생명 전체를 그 진정한 의미와 긴밀한 상호 연관성에 따라 받아들이고 경험하지 않으면서…인생에 대한 진실한 문화를 세울 수 있다고 생각하는 것은 환상"[26]이다. 그러나 성경의 성 윤리가 흔히 생각하는 것처럼 고루한 금지 목록이 아니라는 것을 입증할 수 없다면, 그런 일은 결코 일어나지 않을 것이다. 오히려 그것은 우리가 가장 깊이 갈망하는 사랑을 실천하고 받아들이라고 초대하는 것이다.

기본적 접근법

"몸의 신학"이 사람들에게 깊은 공감을 불러일으키는 주된 이유 중 하나는 그 밑바탕에 깔린 철학적 접근 방식 때문이다. *객관적*이고 추상적인 범주와 개념에서 시작하는 기존의 철학적 접근 방식과 달리, 요한 바오로 2세의 철학적 접근 방식은 인간의 경험이라는 매우 친숙하면서 *주관적인* 영역에서 시작한다. 그는 성경이 가르치는 것이 객관적으로 진리라면, 인간의 경험이, 비록 주관적이기는 하지만, 그 진리를 확인해 줄 수 있다고 믿는다. 성경의 메시지가 인간의 가장 은밀한 욕망과 조화를 이룬다는 것을 알기에 요한 바오로 2세는 자신의 제안에 동의하라고 할 필요도 없으며, 그런 시도조차 하지 않는다. 오히려 남성과 여성이 본인의 인생 경험을 정직하게 성찰하여 그가 제안한 내용이 맞는지 확인할 수 있도록 해 준다.

비판적으로 지적만 하는 사람들에게 거부감을 느끼는 사람들은 이러한 접근 방식이 유쾌하고 새롭다는 것을 알게 된다. 요한 바오로 2세는 그 어떤 것도 강요하지 않고 그 누구에게도 손가락질을 하지 않는다. 그는 하나님의 말씀과 인간의 경험 사이의 심오한 조화를 보여 주기 위해 그저 그 둘을 애정을 가지고 성찰할 뿐이다. 그런 다음 우리의 자유를 최대한 존중하면서 우리 자신의 존엄성을 받아들이도록 초대한다. 우리가 얼마나 자주 그보다 작은 것에 만족했는지는 중요하지 않다. 이것은 정죄가 아니라 성적인 치유와 구원의 메시지이다.

이처럼 자비롭고 은혜로운 접근 방식, 즉 복음의 접근 방식을 통해 요한 바오로 2세는 성에 대한 논의를 *율법주의*에서 *자유*로 전환시킨다. 율법주의자는 "율법을 어기지 않으려면 어디까지 갈 수 있는가?"라고 묻는다. 하지만 요한 바오로 2세는 "내가 자유롭게 사랑할 수 있게 해 주는 성에 대한 진리는 무엇인가?"라고 묻는다. 이 질문에 답하기 위해서는 하나님께서 애초에 왜 우리를 남자와 여자로 만드셨는지 그 이유를 물어야 한다. 이러한 질문은 인간이란 무엇인가에 대한 가장 심오한 진리 속으로 우리를 이끌어 준다. 사실, 인간 존재에 있어 가장 근본적인 사실은 하나님께서 우리를 남자와 여자로 창조하셨다는 것이다.

그러므로 요한 바오로 2세의 "몸의 신학"이 가장 추구하는 것은 인간이란 무엇인가에 대한 완전한 진리, 즉 그의 표현에 따르면 "인간에 대한 총체적 관점"이다. 이 "총체적 관점"을 발견하기 위해 우리는 인간이 무엇을 의미하는지를 온전히 드러내시는 유일한 분, 그리스도께로 향해야 한다. 그래서 요한 바오로 2세는 "몸의 신학"의 첫 세 장을 핵심이 되는 예수님의 세 가지 말씀에 의지한다. 즉 우리가 어디서 와서(*우리의 기원*), 지금 어디에 있으며(*우리의 역사*), 어디로 가는지(*우리의 운명*)를 세 폭의 제단화처럼 묘사한 내용이다.

1. *"본래"에 호소하시는 예수님*: "본래" 하나님께서 결혼을 어떻게 계획하셨는지 예수님이 바리새인들에게 하신 변론에서 근거한다(마 19:3-9 참고).

2. *인간의 마음에 호소하시는 예수님*: "마음에" 한 간음에 대해 예수님이 산상 설교에서 하신 말씀에 근거한다(마 5:27-28 참고).

3. *부활에 대해 호소하시는 예수님*: 몸의 부활에 관해 예수님이 사두개인들과 하신 변론에 근거한다(마 22:23-33 참고).

"몸의 신학"의 그 다음 두 장에서 요한 바오로 2세는 혼인을 *거룩한 선물*이자 하나님의 사랑에 대한 *인간적인 예표*로서 숙고한다. 이 두 가지 차원에 비추어 볼 때만 우리는 성적 사랑의 진정한 "언어"를 이해할 수 있다. 여기가 바로 "몸의 신학"의 마지막 장이 우리를 안내하는 곳이다. 거기서 인간이란 무엇을 의미하는지에 대한 "총체적 관점"으로부터 어떻게 기독교 성윤리가 너무나 자연스럽게 나오게 되는지에 대해 설득력 있게 설명해 준다.

이제 무대가 마련되었으니 이 성경 공부의 주요 주제로 뛰어들 준비가 되었다.

Chapter 02

에덴동산에서의 성

사랑에 대한...증인

이것이 바로 몸이다.

요한 바오로 2세

지난 몇 년간 아들과 배낭여행을 떠났다. 필요한 것만 등에 메고 며칠 동안 세상 모든 것에서 벗어나 하나님의 창조 세계로 모험을 떠나 접하는 숲의 냄새, 수정같이 맑은 시냇물, 폭포, 수영할 수 있는 물웅덩이, 긴 등반 후 정상에서 바라보는 풍경, 불을 피워 아침식사 만들기, 이 모든 것이 너무 좋다! 물론 모기에게 물려 온몸이 가렵고, 비를 맞아 뼛속까지 젖고, 허리가 아프고 다리에 힘이 빠지고 걸을 때마다 물집이 아프다고 비명을 지르는데도 앞으로 나아갈 수밖에 없는 상황은 정말 싫다! 사실 배낭여행에서 *가장 좋은 점*은 5일 전, 80킬로미터를 걷기 전에 두고 온 차에 도착하는 것이다. 그렇다면 애초에 왜 차는 두고 떠나는 걸까? 그것은 *여행*이기 때문이다.

복음서는 예수님이 걸으면서 제자들에게 가르치신 이야기들로 가득하다. 이것은 의미심장하다고 생각한다. 예수님은 우리에게 *길*을 가르치러 오셨다. 그분은 그분과 함께하는 여행으로 우리를 초대하신다. 나에게 배낭여행은, 기쁨과 시련 속에서, 그리스도를 따르는 여정에서 내적으로 경험하는 것을 몸으로 표현하는 것이다.

그리스도를 찾아 따라가는 "예표"

아기 예수를 찾아 온 동방 박사들의 이야기에서도 비슷한 것을 볼 수 있다(마 2:1-12 참고). 동방 박사들은 하늘의 별을 그리스도의 예표로 알아볼 수 있는 성령의 지혜를 지녔다는 점에서 "현자"로 불릴 만하다. 물리적 우주 자체가 그들을 "부르며" 우주를 만드신 하나님을 찾게 한 것이다. 놀랍게도 우주를 만드신 하나님이 "여자에게서 나게 하시고"(갈 4:4) 우주 안으로 들어오셨다(갈 4:4). 동방 박사들은 여러 가지 위험과 고난을 겪으면서도 그 별이 인도하는 곳이면 어디든 용감하게 따라갔고, 그 여정을 이어가며 마태복음의 기록대로 "그분께 경배하러" 왔다(마 2:2).

이전 장에서 살펴본 바와 같이, 하나님은 예표로 우리에게 말씀하시며 이 물리적 세계의 베일을 통해 자신을 드러내셨다. 거의 모든 사람들이 별이 빛나는 밤이나 눈부신 석양, 아름다운 꽃을 바라볼 때 깊은 경외감과 경이로움을 느낀 경험이 있을 것이다. 사람들이 인식하든 못하든, 이러한 순간에 물리적 우주는 그리스도를 찾아가는 신앙의 여정으로 우리를 부른다. 물리적 세계의 아름다움은 궁극적인 아름다움 그 자체(또는 *그분 자체*)를 "예표, 표시"(sign)한다. 존 칼빈의 표현을 빌리자면, 물리적 세계는 "하나님의 영광의 극장"이다. 혹은 바울이 말한 것처럼, 하나님의 보이지 않는 특징은 그가 만드신 만물에서 볼 수 있다(롬 1:20 참고).

하지만 별이 빛나는 밤, 석양, 꽃보다 더 장엄한 것이 있다. 하나님이 자신을 그 어떤 것보다 더 강력하고 감동적으로 표시하시고 전달하기 위해 만드신 창조의 정점에 바로 *우리*가 있다. "하나님이 자기 형상 곧 하나님의 형상대로 사람을 창조하시되 남자와 여자를 창조하시고 하나님이 그들에게 복을 주시며 하나님이 그들에게 이르시되 '생육하고 번성하여 땅에 충만하라'"(창 1:27-28).

동방 박사들처럼, 교황 요한 바오로 2세의 "몸의 신학"의 내용을 탐구할 때 우리는 "예표"로서 몸의 의미를 파악하기 위해 성령의 지혜와, 그 표시가 우리를 이끄는 곳이면 어디든 따를 용기가 필요할 것이다. 그것은 길고 긴 여정이다. 사실, 무한한 비밀을 향한 여정은 우리 인생에서는 결코 끝나지 않을 것이다. 언제나 그 이상의 무언가가 있기 때문이다. 또한 더 많은 것을 발견할수록 동방 박사들처럼 그분을 더 경배하게 될 것이다. 그 "길"을 따라가다 보면 허리가 죽도록 아프고 다리에 힘이 빠지는 순간도 있을 것이다. 하지만 계속 나아가자! 정상에서 바라보는 광경은 *엄청날* 것이다!

본래에 호소하시는 그리스도

일부 바리새인들이 예수님께 결혼의 의미에 대해 질문했을 때 예수님은 "사람을 지으신 이가 본래 '그들을 남자와 여자로 지으시고'…,하신 것을 읽지 못하였느냐…?"라고 반문하셨다(마 19:4).

오늘날 이 말씀이 얼마나 적절한지 증명할 필요가 있다면, 최근 페이스북이 개인 프로필을 작성할 때 선택할 수 있는 성별을 50가지 이상으로 늘린 것을 보면 된다. 또한 "간성(intersex)," "생물학적 성과 성 정체성이 일치하는 사람(cisgender)," "성별이 유동적인 사람(gender fluid),""생물학적 성에 불응(gender nonconforming),""중성(gender variant),""여성도 남성도 아닌 성별로 이분법적인 성별에 속하지 아니하고 트렌스젠더나 젠더퀴어에 속하는 사람(non-binary),""모든 성 정체성을 아우르는 사람(pangender),""두 개의 영혼(two-spirit)" 기타 등등 다양한 용어들이 너무 제한적이라는 불만이 제기되자, 이 사이트는 이제 사람들이 자신의 성 정체성을 "맞춤 설정"할 수 있는 "자유 형식 필드"를 추가했다. 페이스북의 다양성 팀은 성명을 통해 "일부 사람들이 자신의 진정한 성 정체성을 다른 사람들과 공유하는 데 어려움을 겪는다는 사실을 알고 있다"며 "이러한 설정은 사람들이 진정한 방식으로 자신을 표현할 수 있는 능력을 제공한다"고 했다.[1]

"진정한 성 정체성"을 이야기하고 이를 "진정한 방식으로" 표현한다는 것이 과연 무엇을 의미할까? 그리스도에 따르면, 죄로 성을 혼란시키기 전 우리를 남자과 여자로 만드신 하나님의 본래의 목적으로 돌아갈 때에만 그 해답을 찾을 수 있다. 그렇게 해야만 현실과 동떨어진 세상에서 "성별(gender)"이라는 용어를 구할 수 있다.

generous (비옥한), generate (낳다), genesis (발생), genetics (유전학), genealogy (혈통), progeny (자손), gender (성별), genitals (생식기)와 같은 단어들의 어근 "gen"은 "생산하다" 또는 "낳다"를 의미한다. 따라서 사람의 성별(gen-der)은 그 사람이 새로운 생명을 생성(gen-erate)하도록 설계된 방식에 따라 결정된다. 세속적인 주장과는 달리, 사람의 성별은 가변적인 사회적 구성물이 아니다. 사람의 성별은 그 사람의 생식기의 종류에 따라 결정된다. 20세기의 성 혁명과 페미니즘 혁명이 전통적으로 특정 성별에만 국한되던 역할들에 이의를 제기했던 것은 옳았다. 하지만 인류의 생존을 위해 대체할 수 없고 절대적으로 필요한, 남성에게만 속하고 여성에게만 속하는 두 가지 역할이 있다. 그것은 바로 부성과 모성이다. 성별(gender), 생식기(genitals), 세대(generation) 사이의 이러한 연관성을 이해하면 탈젠더(de-gendered) 사회가 퇴보(de-generate)할 수밖에 없는 이유도 이해할 수 있다. 실제로 하나님이 주신 성별의 의미를 존중하지 않으면 인류의 미래는 위험에 처하게 된다.

이러한 맥락에서 모호한 성기를 가지고 태어난 사람들에 대한 의문이 생길 수밖에 없다. 이는 분명히 타락한 세상에서 일어나는 고통스러운 현실이다. 그래도 여전히 모든 사람이 "태어날 때부터 두 가지 성별 중 하나에 속한다는 사실을 관찰할 수 있다. 어떠한 질병이나 기형도 남성과 여성으로 존재하는 인간의 본성을 부정할 수 없다. 희귀한 사례이지만 남성과 여성의 성기를 동시에 지닌 반음양증(hermaphroditism) 조차 이 사실을 부정할 수는 없다."[2]

다시 말해, 예외가 있다고 표준이 바뀌지는 않는다. 예외적인 것들로 인해 고통받는 사람들과 성 정체성의 혼란을 겪는 사람들에게 소망은 새로운 성별을 "부여"하는 과학이 아니라 구속의 은혜를 통해 인류의 원래 질서를 회복하시는 예수님께 있다.

현대 사회가 주장하는 "성 정체성"이 몇 개인가와 상관없이, "사람을 지으신 이가 본래 '그들을 남자와 여자로 지으시고'"(마 19:4)라고 말씀하시는 예수님의 가르침은 명확하다. 이 말씀 후 바로 이어서 예수님은 창세기를 인용하여 "'그러므로 사람이 그 부모를 떠나서 아내에게 합하여 그 둘이 한 몸이 될지니라'라고 말씀하셨다. 따라서 그들은 더 이상 둘이 아니라 한 몸이다. 그러므로 하나님이 짝지어 주신 것", 즉 세대 계승을 위해 상호 보완적인 생식기를 지닌 남성과 여성을 "사람이 나누지 못할지니라"고 말씀하셨다(마 19:4-6).

본래는 그렇지 않았다

결혼의 영속성에 대한 예수님의 주장에 충격을 받은 바리새인들은 "그러면 어찌하여 모세는 이혼 증서를 주어서 버리라 명하였나이까?"라고 반문했다. 이에 대해 예수님은 다시 본래를 언급하시며 호소하셨다. "모세가 너희 마음의 완악함 때문에 아내 버림을 허락하였거니와 본래는 그렇지 아니하니라"(마 19:7-8).

사실상 예수님은 다음과 같이 말씀하고 계신다. "너희들은 남녀 관계의 모든 긴장과 갈등, 가슴 아픈 고통이 정상이라고 생각하니? 이것은 정상이 아니다. 이것은 하나님이 창조하신 방식이 아니야. 뭔가 끔찍하게 잘못된 거란다." 절망적으로 들리는가? 하지만 이것은 좋은 소식이다! 그리스도는 말씀을 듣는 이들에게 회복, 치유, 구원에 대한 소망을 불어넣고 계신다. 예수님은 남자와 여자의 관계에서 시작하여 피조물을 창조하신 본래의 순수한 모습으로 회복시키기 위해 오셨다.

이것은 마치 우리 모두 타이어가 구멍 난 자동차를 타고 도시를 달리는 것과 같다. 고무가 찢겨 나가고 휠이 찌그러지는데도 그것을 정상이라고 생각한다. 결국 모든 사람의 타이어가 그렇게 되어버린다. 예수님은 바리새인들과 우리 모두에게 "본래 타이어는 공기로 가득 차 있었다."라고 말씀하신다.

예수님은 우리 몸이 말하고자 하는 진짜 이야기를 알고 싶다면 죄로 인해 타락하기 전의 "본래"의 모습으로 돌아가야 한다고 말씀하신다. 그게 표준이자 기준이다. 창세기를 깊이 들여다보면 우리가 "본래의 모습"에서 얼마나 멀리 떨어져 있는지 새로운 차원의 깨달음을 얻게 될 것이다. 하지만 절망할 필요는 없다! 예수님은 타이어가 구멍 난 사람들을 정죄하기 위해 세상에 오시지 않았다. 그분은 우리의 타이어에 공기를 다시 넣어 주시려고 오셨다. 사실 우리는 이미 떠나 버린, 죄 없는 상태로 돌아갈 수 없다. 그러나 예수님을 따름으로써 우리 성에 대한 하나님의 본래 계획을 받고, 예수님의 도움으로 그렇게 살아낼 수 있다.

인간 본래의 경험

요한 바오로 2세는 최초의 남자와 여자의 몸과 성에 대한 *경험*에 대해 숙고해 보고자 창세기 본문을 새로운 관점에서 살펴보았다. 물론 우리가 본래의 죄 없는 순수한 상태를 직접 경험할 수 없다. 그럼에도 불구하고 본래의 것의 "메아리"는 우리 각자의 내면에 존재한다. 인간이 본래 경험한 것은 "항상 인간이 경험하는 모든 것의 근원이 된다...사실, 그것들은 삶의 평범한 것들과 너무나 밀접하게 얽혀 있어서 그 특별함을 일반적으로 깨닫지 못한다."[3]

특히 *고독, 연합, 벌거벗음*, 이 세 가지가 "본래" 인간의 경험을 정의하는 것 같다. 이 경험에 대한 요한 바오로 2세의 심오한 성찰을 다루려면 보다 많은 지면을 필요로 한다. (이 주제를 광범위하게 다룬 『몸의 신학 해설서』(Theology of the Body Explained) 참조)[4]

이 책에서는 기본적인 개요만 제시하고자 한다. 필자처럼 이 책을 통해 자신의 마음 속에서 이러한 경험의 메아리를 찾을 수 없는지 살펴보라.

본래의 고독: "인간성"의 첫 발견

"여호와 하나님이 이르시되 '사람이 혼자 사는 것이 좋지 아니하니

내가 그를 위하여 돕는 배필을 지으리라 하시니라'"(창 2:18). 이 성경 구절에서 드러난 "고독"의 가장 분명한 의미는 남자가 여자 없이 혼자라는 것이다. 하지만 요한 바오로 2세는 이 구절에서 더 깊은 의미를 찾아냈다. 창세기 2장은 아담이 "깊은 잠"에 들기 전까지 남자와 여자를 구분하지 않았다. (히브리어로 아담(*adam*)은 일반적인 의미에서 "사람"을 뜻하므로) 여기서 아담은 우리 모두를 대표한다. 인간은 하나님의 형상과 모양대로 만들어진 유일한 육체적인 피조물이라는 점에서 "혼자"이다. 다시 말해, 눈에 보이는 세상에서 인간만 "홀로" 사람(*person*)이다.

아담은 동물들의 이름을 지으면서 자신의 "이름", 즉 자신의 정체성도 발견한다. 그는 "돕는 배필"을 찾고 있었지만 동물들 가운데서는 찾지 못했다(창 2:20 참고). 아담은 동물과 *달랐고*, "사람"(person)은 그 차이를 구분하기 위해 우리가 만든 단어이다. 동물에게 없지만 인간인 *사람*에게 있는 것이 무엇일까? 한마디로 자유에 따르는 책임이다. 아담은 육체적 본능만을 따라 행동하지 않는다. 그는 다른 동물처럼 (육체를 가지고) "흙"으로 창조되었지만, 그의 몸에 영을 불어넣은 "생명의 숨결"도 가지고 있다(창 2:7 참고). 영을 받은 몸은 그저 *하나의* 몸이 아니라 *어떤* 사람(*some*body)이 된다. 한 *사람*은 자신의 몸으로 무엇을 할 것인지 선택할 수 있다. 그저 먼지는 그럴 수 없다. 그리고 이 자유에는 책임이 따른다.

자유 속에서 아담은 하나의 *자아*로 존재하는 스스로를 경험한다. 그는 이 세상에서 하나의 "객체" 그 이상이다. 그는 한 "주체"이다. 그에게는 "내면 세계" 또는 "영적인 삶"이 있다. 다람쥐나 닭의 영적인 삶에 대해 말하는 것은 불가능한다. "주체"와 "사람"이라는 단어가 포착하는 것은 바로 이 영적인 삶이다. 일부 현대인들의 선전에도 불구하고, 우리는 닭이 "사람"이 아니라는 것을 직관적으로 안다. 하나님의 모든 피조물을 존중해야 하지만, 다른 어떤 육체적 피조물도 하나님의 형상대로 창조되었다는 존엄성을 사람과 공유하지 않는다. 예수님께서 말씀하신 것처럼 우리는 "참새 한 마리보다 더 귀한 존재"이다(눅 12:7).

아담에게는 왜 자유가 부여되었을까? 자유가 없이는 사랑은 불가능한데, 아담은 사랑하도록 부름을 받았기 때문이다. 고독 속에서 아담은 사랑이 자신의 기원이고, 소명이며, 운명임을 깨달았다. 동물들과 달리 자신은 하나님과 사랑의 언약을 맺도록 초대받았다는 사실을 깨달았다. 하나님은 우리와 결혼하고 싶어하는 신랑의 열정을 가진 연인이다. 하나님과의 사랑의 관계가 아담의 고독을 가장 잘 정의한다. 이 사랑을 맛본 그는 이 사랑(언약)을 자신과 같은 다른 사람과 나누기를 온 몸으로 갈망한다. 이것이 바로 "사람이 혼자 사는 것이 좋지 아니"한 이유이다.

아담은 이 고독 속에서 이미 하나님 사랑과 이웃 사랑이라는 두 가지 소명을 발견했다(막 12:29-31 참고). 그는 또한 이 소명을 부정할 수 있는 자신의 능력도 발견했다. 하나님은 아담에게 사랑을 *권유*하시지만, 결코 *강요*하지 않으셨다. 강요된 사랑은 사랑이 아니기 때문이다. 아담은 하나님의 초대에 '예'라고 할 수도 있고, '아니오'라고 할 수도 있다. 그리고 이 본질적인 선택은 *그의 몸*에서 표현되고 실현된다. 인간성과 자유가 처음으로 맞닥뜨린 고독은 영적인 것이지만, "몸은 그 인격을 표현"하기 때문에 몸으로 "경험"을 하게 된다.[5] 또한 몸이 그 사람의 자유를 표현하거나 표현하는 것으로 여겨진다고 할 수 있다.

낙태 옹호라는 끔찍한 의미로 남용된 "프로초이스(pro-choice)"

란 말을 되찾고 본래의 의미로 회복시키기 위해서는 전적으로 우리의 선택을 지지하시는 하나님이야말로 전적으로 "프로초이스"라 할 수 있겠다. 애초부터 선택의 자유를 주신 하나님은 우리의 자유를 전적으로 *지지*하신다. 그러나 어떤 선택은 사랑하라는 우리의 소명을 부정한다. 어떤 선택은 *결코* 행복을 가져올 수 없다. 어떤 의미에서 우리는 "우리 몸으로 원하는 것은 무엇이든 할 수 있는 자유"를 누리고 있다. 그러나 우리에게 우리가 몸으로 하는 일이 선인지 악인지 판단할 자유는 없다. 아담이 배웠던 것처럼, 이것은 그가 죽지 않으려면 먹어서는 안 되는 나무("선악을 알게 하는 나무")이다(창 2:16~17 참고). 따라서 인간의 자유는 선과 악을 만들어내는 것이 아니라 그 사이에서 올바르게 선택함으로써 온전하게 실현된다.

이 모든 통찰은 아담이 홀로 경험한 것이다. 자유는 사랑을 위해 주어졌다. 그것은 관계를 맺고 생명을 주기 위한 것이다. 사랑이 없는 방종은 자유로 가장하고 다가와 단절과 죽음으로 이끈다. 어떤 자유를 추구해야 할까? 그것은 우리의 *선택*이다.

본래의 연합: 인격적인 친교

아담이 모든 동물의 이름을 지었지만 그 가운데서는 사람을 찾지 못했다. 그래서 하나님이 여자를 빚어 아담에게 선물하신 순간 그의 심정을 짐작할 수 있다. 황홀경에 빠진 아담은 외친다. "드디어 내 뼈 가운데 뼈요 내 살 가운데 살이 나타났구나"(창 2:23 우리말성경).

지금 몸에 집중하고 있음을 주목하라. 요한 바오로 2세가 지적했듯이 아담이 *여인의 몸*에 매료된 이유는 "드디어" 사람의 몸을 만났기 때문이다. 아담이 이름을 붙인 모든 동물은 사람의 몸이 아니었다. 유대인들에게 "살과 뼈"는 온전한 인간을 의미한다. 따라서 남자의 뼈 중 하나로 여자를 창조한 것(창 2:21~22 참고)은 남자와 여자가 동일한 인간성을 공유한다는 것을 비유적으로 표현한 것이다. 두 사람 모두 하나님의 형상대로 지음 받은 존재들이다. 이 둘은 동물과 *다르다*는 의미에서 세상에서 "홀로" 존재(본래의 고독)하며. 사랑의 언약 안에서 살도록 부르심을 받았다. 그들의 성적인 욕망은 동물처럼 본능에 좌우되지 않는다. 에로스가 아가페와 완벽하게 통합되었기 때문에 그들은 하나님의 형상 안에서 사랑할 자유로서의 성적인 욕구를 경험한다.

"이러므로 남자가 부모를 떠나 그의 아내와 합하여 둘이 한 몸을 이룰지로다"(창 2:24). 이 *연합*의 경험은 "다른 무언가" 없이 홀로 존재한다는 의미로서의 인간의 *고독*을 극복하게 한다. 그러나 그것은 남자와 여자 둘 다 동물과는 다른 사람이라는 점에서 인간의 고독에 대한 모든 것을 명확하게 보여 준다. "한 몸"을 이루는 인간의 결합은 동물의 교미와는 차원이 다른 것이다. 큰 차이점은 무엇일까? 생물학적으로는 거의 동일해 보이지만, 인간의 성적 결합은 단순히 생물학적인 현실이 아니다. 그것은 영적이고 *신학적인* 현실이기도 하다. 그러므로 "한 몸"이 된다는 것은 (동물과 마찬가지로) 두 몸이 결합한다는 것을 의미할 뿐만 아니라 인격적 친교(communion of persons)에 해당한다.

동물은 짝짓기는 할 수 있지만 "친교"에 이를 수는 없다. "오직 *인간*만이 "자아를 거저 내어주는 것"을 통해 "*함께 연합(common-union)*" 할 수 있다. 그래서 요한 바오로 2세는 인간의 성의 의미를 이해하는 데 있어서 "인격적 친교"라는 용어를 중요시한다. 남성과 여성은 하나님의 형상대로 만들어졌지만, 동물은 그렇지 않다. 그래서 *인간*의 성은 동물의 성과 다르다.

"한 몸"이 된다는 것은 보이지 않는 하나님의 비밀을 몸으로 드러낸다는 점에서 성례적인(sacramental) 표현이다. "성례, 성사(sacrament)" 또는 "성례성, 성사화(sacramentality)"의 가장 기본적 의미는 보이지 않는 것을 보이게 한다는 것이다. 남자와 여자를 "인격적인 교제"로 부르심으로써 영원한 *인격의 교제*, 즉 삼위일체이신 하나님 자신의 보이지 않는 비밀을 인간의 몸을 통해 보여 준다.

삼위일체 안에서 성부는 성자를 위해 그에게 *자신을 내어 줌으로써* 성자에게 영원한 "아버지가 되신다(beget)". "성부의 사랑받는 자"인 성자는 아버지의 사랑을 영원히 받고 그 자신을 아버지께 영원히 돌려드린다. 성부와 성자가 나누는 *사랑*은 "성부와 성자로부터 나오는" 성령이다(니케아 신경).

전통적으로 신학자들은 우리가 이성적인 영혼을 통해 하나님을 인격적으로 형상화한다고 한다. 이는 분명히 사실이다. 그러나 하나님의 형상대로 지음을 받은 남녀의 기능은 모범이 되시는 하나님을 반영하는 것이며, 하나님은 영원히 "홀로" 계신 분이 아니다. 하나님은 세 인격과 영원히 친교하신다. 즉, 인간은 "자신의 인간성을 통해서만이 아니라 태초부터 바로 형성한 남녀의 인격적인 친교를 통해서도" 하나님을 반영한다. 그리고 "이 모든 것 위에 바로 태초부터 생육의 축복(blessing of fruitfulness)이 내려왔다."[6]

이 "생육의 축복"은 남녀 두 사람에게서 나오는 "삼자"(a third)의 신비를 드러낸다. 이런 방식으로 진정한 성적 사랑은 삼위일체 안에 있는 생명의 아이콘이자 지상에서의 형상이 된다. 물론 그렇다고 하나님이 성적인 존재라는 뜻은 전혀 아니다. 삼위일체 안에서의 사랑과 생성(generation)의 신비는 인간의 사랑과 생성의 신비보다 무한히 뛰어나다. 신성한 실체와 비교하면 지상에서의 형상이 희미해 보인다는 뜻이다. 그럼에도 불구하고 팀 켈러가 지적했듯이, "성은 삼위일체의 생명 안에서 자기 희생의 기쁨과 사랑의 즐거움을 비유하는 것이기 때문에 신성하다."[7] 하나님께서 그분의 영원한 사랑의 비밀을 현세적 차원에서 명확하게 드러내시기 위해 우리를 남자와 여자로 만드시고 생명을 주는 친교로 부르셨다.

본래의 벌거벗음: 하나님의 원 계획의 핵심

고독과 *연합*이라는 인간의 본래의 경험에 대해 논의했으니 이제 세 번째 경험인 *벌거벗음*을 살펴볼 차례이다.

"한 몸"의 연합을 언급한 구절에 이어서 "아담과 그의 아내 두 사람이 벌거벗었으나 부끄러워하지 아니하니라"(창 2:25)가 나온다. 요한 바오로 2세는 인간의 창조에 관한 모든 구절 중에서 이 구절이 인생을 향한 하나님의 본래 계획을 이해하는 데 필요한 "정확한 핵심"이라고 말한다. 상당히 대범한 주장이다. 하지만 '무화과나무 잎사귀'를 물려받은 우리가 직접 경험해 보지 못한 본래의 벌거벗은 상태를 어떻게 이해할 수 있을까? 부끄럽게 여긴 경험을 돌아보며 대조해 볼 때만 그렇게 할 수 있을 것이다.

혼자 목욕하는 여성은 몸을 가릴 필요를 느끼지 않는다. 하지만 낯선 남자가 화장실에 갑자기 들어온다면 그녀는 몸을 가릴 것이다. 왜 그럴까? 요한 바오로 2세는 이런 의미에서의 "부끄러움"은 성적으로 이용당하는 대상으로 취급받는 것에 대한 자기 방어의 한 형태라고 한다. 이 여성은 자신이 누군가의 이기적인 쾌락을 위한 "물건"으로 취급되어서는 안 된다는 것을 알고 있다. 그녀는 경험을 통해 남성이 (원죄로 인한 음욕(lust) 때문에) 여성의 몸을 물건처럼 여기는 경향이 있다는 것을 안다. 따라서 여자는 자신의 몸이 "나쁘거나" "부끄럽기" 때문이 아니라 낯선 사람의 욕망으로 가득 찬 시선, 즉 하나님이 주신 인간으로서 존엄성을 존중하지 않는 시선으로부터 자신의 존엄성을 보호하기 위해 몸을 가리는 것이다.

다른 사람 앞에서 두려움(부끄러움)을 느끼는 이 경험을 "뒤집어" 생각하면 아담과 하와가 벌거벗은 상태를 부끄럽게 여기지 않은 이유를 이해할 수 있게 된다. 본래 음욕(자기 중심적인 성욕, 정욕)은 인간의 마음속에 들어오지 않았다. 따라서 인류 최초의 부모는 상대방의 시선으로 자신의 존엄성이 전혀 위협을 받지 않았기 때문에 서로의 존재에 대해 완전히 무방비 상태였다. 그들은 "온전히 평안한 내면적 시선으로…서로를 바라보고 인식했다."[8] 이 "내면의 시선"은 단순하게 육체를 바라보는 것이 아니라 인격적이고 영적인 신비를 드러내는 것으로 몸을 바라보는 것을 의미한다. 그들은 벌거벗은 몸에 새겨진 하나님의 사랑의 계획(신학)을 보았다. 그것이 *바로 그들이 갈망했던 것*, 즉 하나님이 사랑하시는 것처럼 그들의 몸 안에서, 몸을 통해, 사랑하는 것이다. 그리고 사랑에는 두려움(부끄러움)이 없다. "온전한 사랑이 두려움을 내쫓나니"(요일 4:18).

그러므로 "벌거벗었으나 부끄러워하지 않는 것"은 우리 인생을 향한 하나님의 계획을 이해하는 핵심이며, 본래 사랑의 진리를 드러내는 것이다. 하나님이 "태초에" 아가페를 표현할 수 있는 바로 그 힘으로 우리에게 에로스를 주셨다는 점을 충분히 이해해야 한다. 즉 하나님이 우리를 사랑하듯, 우리가 자유롭고 순수하게 자아를 온전히 거저 주며 사랑할 수 있도록 성적인 욕망을 주셨다. *이것이 최초의 부부가 경험한 방*

식이다. 성적 욕망은 이기적인 만족을 위한 충동이나 본능으로 느껴지지 않았다. 음욕의 경험은 오직 죄와 함께 등장했다. 욕망으로 가득 찬 성욕은 앞에서 언급한 "구멍 난 타이어 증후군"의 결과이다.

태초의 남자와 여자는 하나님의 사랑으로 "완전히 충만해" 있었기 때문에 그들은 완전히 자유롭게 자신을 서로에게 선물로 주었다. 그들은 "서슴없이 자신을 거저 주는 바로 그 자유를 누렸다."[9] 음욕의 충동으로부터 자유로운 사람만이 상대방에게 진정한 "선물"이 될 수 있다. 그러므로 "거저 주는 자유"는 자유롭게 축복할 자유, 즉 *움켜쥐고 소유하려는* 충동에서 벗어난 자유이다. 인류 최초의 부부가 "벌거벗었으나 부끄러워 아니한" 것은 바로 이 자유 때문이다.

죄의 결과, 성적인 욕망에 대한 우리의 경험은 처참할 정도로 왜곡되었다. 이러한 왜곡 때문에 우리는 성관계와 성욕 자체에 뭔가 문제가 있다고 생각하는 경향이 있다("몸은 나쁜 것이고 성관계는 더럽다"는 사고방식은 여기서 비롯되었다). 하지만 우리가 잘 알고 있는 이 왜곡된 지식은 성관계의 핵심이 *아니다.* "하나님이 지으신 그 모든 것을 보시니 보시기에 심히 좋았더라"(창 1:31). 이 말씀에서 볼 수 있듯이 우리는 성관계의 핵심에서 하나님 자신의 선하심을 찾을 수 있다.

요한 바오로 2세에 따르면, 벌거벗었으나 부끄러워하지 않은 것은 최초의 부부가 하나님이 보신 것, 즉 거기 내재된 선함을 보았다는 것을 나타낸다. 그들은 그것이 선하다는 것을 *알았다.* 그들은 사랑에 대한 하나님의 영광스러운 계획을 *알았다.* 그들은 자신들의 몸에 새겨져 있는 그것을 *보았고,* 서로의 욕망(에로스)을 통해 그것을 *경험했다.* 죄의 등장으로 우리는 이 영광스러운 비전을 잃었다. 하지만 창조된 세계를 본래의 순수한 모습으로 회복시키기 위해 예수님이 오셨다는 사실을 잊어서는 안 된다. 천국에 이르기 전까지 완전히 회복되지는 않겠지만, 구속의 은혜로 인해 잃어버린 것을 되찾기 위한 노력을 이 땅에서도 시작할 수 있다.

배필의 의미로서의 몸

타락한 세상에서는 음욕이 지배하는 경우가 많기 때문에 벌거벗음은 대개 각종 부정한 것들과 얽혀 있다. 그러나 요한 바오로 2세는 태초의 보이는 세상에서는 벌거벗음이 하나님의 거룩함을 드러내었다고 말한다. 하나님의 거룩함은 성부, 성자, 성령의 "사랑의 교환"(exchange of love), 즉 자신을 내어주는 사랑의 영원한 비밀이다. 인간의 거룩함도 "인간이 정확히 스스로를 '신실하게 거저 줌'으로써...자신의 몸으로 스스로를 표현할 수 있도록 하는 것"이다.[10]

삼위일체는 영원히 서로 자신을 내어주는 사랑으로 살기 때문에, 요한 바오로 2세는 우리도 자신을 신실한 선물로 내어주는 법을 배워야만 진정한 자아를 발견할 수 있다고 주장한다. 사실, 하나님께서는 *바로 우리 몸에* 자기를 희생하는 사랑에 대한 부르심을 새겨 두셨다. 생각해 보라. 남자의 몸은 그 자체로는 의미가 없다. 여자의 몸도 마찬가지이다. 그러나 서로를 비추어 보면, 성별의 차이는 남자와 여자가 배우자로서의 사랑 안에서 서로에게 "거저 주는 선물"이 되어야 한다는 하나님의 분명한 계획을 드러낸다.

그래서 태초의 남녀는 그들의 벌거벗음을 통해 요한 바오로 2세가 "배필의 의미로서의 몸"(the spousal meaning of the body)이라 부르는 것을 발견했다. 이것은 앞으로 전개될 논의에서 가장 중요하게 다뤄질 용어 중 하나이며, 다시 여러 번 언급될 것이다. 요컨대, 결혼, 혼인 생활, 부부 관계의 사랑이라고 할 수 있는 배필로서의 사랑은 *전적인 자기 헌신의* 사랑이다. 그러므로 배필의 의미로서의 몸이란 "*사랑을 표현하는 힘이 몸이란 뜻이다. 바로 이 사랑 안에서 인간은 선물이 되고, 이 선물을 통해 자신의 존재와 존재의 의미를 찾게 된다.*"(11)

요한 바오로 2세에 따르면 인생의 의미는 바로 우리의 몸, 성생활(sexuality)에 새겨져 있다! 인생의 목적은 하나님께서 사랑하시는 것처럼 사랑하는 것이며, 이것이 바로 남성 또는 여성으로서 우리의 몸이 우리를 부르는 것이다.

좀 더 구체적으로 살펴보자. 남성의 몸은 한 기관만 제외하고는 모두 그 자체로 완전하다. 여성의 몸도 하나만 제외하고는 모든 기관이 완전하다. 오직 생식 기간만이 서로가 연합할 때에만 기능을 수행한다. 세포 수준에서도 남성과 여성은 서로에게 "선물"이 되어야 한다는 것을 알 수 있다. 남성의 모든 세포는 하나만 제외하면...46개의 염색체를 가지고 있다. 여성의 모든 세포도 하나만 제외하면...46개의 염색체를 가진다. 정자와 난자만 염색체가 각각 23개밖에 없다. 남자와 여자는 서로를 완전하게 하기 위해 존재한다. 정상적인 과정에서 남녀 간 서로 거저 주는 "선물"은 정자와 난자가 만나 "제3의 존재"를 탄생하게 한다. 요한 바오로 2세는 "아담이 그의 아내 하와와 *동침하매(knew)* 하와가 잉태하여(conceived)"(창 4:1)와 같이, 이를 "지식"(knowledge)이 잉태(generation)로 이어진다고 표현했다.

아버지가 되고 어머니가 되는 것은 성생활의 신비를 완성하고 드러낸다. 창세기에 나오는 하나님의 첫 번째 명령인 "생육하고 번성하라"(창 1:28)는 명령은 단순히 번식을 위한 명령이 아니다. 그것은 하나님의 형상대로 사랑하라는 부르심이며, 그렇게 함으로써 "[우리의] 존

재와 존재의 의미를 성취하라"는 부르심이다.[12]

존재의 근본적인 요소

물론 결혼과 출산만이 "하나님이 사랑하신 것처럼 사랑"하는 유일한 방법은 아니다. 결혼과 출산이 그 본보기가 되기는 하지만, 우리가 일상의 일에서, 베풀고 돌보는 행위 등을 통해 우리 자신을 다른 사람들에게 신실한 선물로 줄 때마다 우리는 어떤 식으로든 몸의 배필로서의 의미를 나타내게 된다. 결혼한 사람들은 결혼 생활을 통해 서로에게 "선물"이 될 수 있는 특권을 누리게 된다. 하지만 창세기에 나타난 자기희생적 사랑에 대한 교훈은 결혼 여부와 상관없이 모든 사람에게 적용된다.

요한 바오로 2세는 배필로서 몸이 지니는 의미가 "이 세상에서 인간이 존재하는 본질적인 부분"이라고 단언한다.[13] 우리는 하나님께서 사랑하시는 것처럼 사랑하라는 부르심을 떠나서는 인간성을 제대로 이해할 수 없으며, 하나님께서는 그 사랑하라는 부르심을 우리의 몸과 성의 신비라는 서로 떼어놓을 수 없는 관계로 엮어 놓으셨다. 즉, 배필로서의 몸의 의미는 "인간이 누구이며 어떤 사람이 되어야 하는지를 아는 데 필수적인 요소"이다.[14] 우리는 마땅히 하나님의 형상을 따라 사랑하는 남성과 여성이 되어야 한다. 비극적으로 죄는 "본래" 하나님의 계획에 따라 사랑할 수 있는 우리의 능력에 심각한 손상을 주었다. 그럼에도 불구하고 몸이 지닌 배필의 의미는 예수님께서 우리를 위해 승리하신 "몸의 구속"을 향한 부르심, 즉 회복을 위한 부르심으로 우리 인류의 구조 속에 여전히 심겨 있다. 요한 바오로 2세는 "인간의 '역사'라는 전체적 관점에서 볼 때, 인간은 자신의 몸에 반드시 배필로서의 의미를 부여하고야 말 것이다. 비록 이와 같은 의미가…많이 왜곡될지라도, 그것은 항상 '하나님의 형상'의 표시로서…가장 깊은 수준에서 남아 있을 것이다. 여기서 우리는 창조의 비밀에서부터 시작해서 '몸의 구속'으로 가는 길을 발견한다(롬 8장 참고)."라고 했다.[15]

    우리가 이 구속 안으로 더 깊이 들어갈수록, 인간의 존엄성과 우리 몸의 남성과 여성으로서 배필의 의미 사이에 존재하는 깊은 유대를 재발견하고 강화할 수 있다. 그리고 다음 장들에서 이 구속 안으로 더 깊이 들어가는 것에 대해 숙고해 보고자 한다.

Chapter 03

성의 타락과 구속

> 열정과 욕망을 문제로 보지 않고
> 방향을 재조정하려 한다면 어떨까?...
> 비록 잘못된 방향일지라도
> 에로스는 우리가 어떤 종류인지,
> 즉 하나님을 *갈망하*는 피조물임을
> 보여주는 표시다.
>
> 제임스 K. A. 스미스(James K. A. Smith)

이전 장은 동방 박사들과 하나님의 "예표"로 그 별을 인식할 수 있도록 그들에게 주어진 성령의 지혜를 묵상하는 것으로 시작했다. 현자란 창조의 많은 표시를 바로 이런 방식으로 읽을 수 있는 사람들이다. 바울은 하나님이 만드신 보이는 것들 속에서 그분의 보이지 않는 본성을 인식하지 못하는 사람들에 대해 다음과 같이 기록했다. "스스로 지혜 있다 하나 어리석게 되어 썩어지지 아니하는 하나님의 영광을 썩어질 사람...의 우상(human images)으로 바꾸었느니라"(롬 1:22-23).

흥미롭게도 바울은 하나님의 영광을 인간의 우상과 바꾸는 것이 성적 정욕의 뿌리라고 말했다. "그러므로 하나님께서 그들을 마음의 정욕대로 더러움에 내버려 두사 그들의 몸을 서로 욕되게 하게 하셨으니 이는 그들이 하나님의 진리를 거짓 것으로 바꾸어 피조물을 조물주보다 더 경배하고 섬김이라"(롬 1:24-25).

창세기를 묵상하면서 살펴본 바와 같이, 하나님의 본래 계획에서 에로스적 욕망은 남자와 여자가 자신의 몸을 하나님의 비밀을 나타내는 예표(sign)나 표상(icon)으로 인식하도록 했다. 즉, 에로스는 피조물의 아름다움에서 창조주의 아름다움으로, "예표" 안에서의 기쁨으로부터 그들 몸이 나타내는 하나님께 경배하는 것으로 자연스럽게 바로 이어졌다. 이것이 바로 그들이 벌거벗었으나 부끄러워하지 않았던 이유이다(창 2:25). 최초의 남녀는 그들의 몸의 신성한 "표상(iconography)"을 *보고 소중히 여겼다.*

물론 이 벌거벗었으나 부끄러워하지 않았던 상황이 그리 오래 유지되지 않았다. 이미 살펴본 것처럼 부끄러움을 알게 되면서 몸을 다른 방식으로 보게 되었다. 오히려 부끄러움 때문에 *몸을 있는 그대로 보는데 실패*하게 되었다. 즉 몸을 그 자체를 넘어 하나님을 가리키는 표상으로 보지 못하게 된 것이다. 이 일이 발생했을 때 무한한 아름다움(에로스)을 향한 우리의 욕망이 몸 그 자체에 "고착"된다. 그 *표상*은 *우상*이 되고, 우리는 창조주가 아닌 피조물을 숭배하게 된다. 이게 바로 바울이 로마서 1장에서 말한 정욕이다.

에로스로부터 시작되는 구원

본 장에서 요한 바오로 2세는 "역사적인" 남성과 여성이 경험한 몸과 에로스에 대해 깊이 생각하게 한다. 요한 바오로 2세는 "역사"라는 말을, 원죄에서 시작하여 "본래"의 경험으로부터 극적으로 벗어난다는 의미로 사용한다. 하지만 여기 좋은 소식이 있다. 예수님이 우리의 몸을 구속하시기 위해 육체를 취하셨고, 우리의 마음과 갈망을 구속하시기 위해 인간의 마음과 갈망으로 우리를 사랑하셨다. 이탈리아의 존경받는 설교자 라니에로 칸탈라메사(Raniero Cantalamessa)는 이렇게 담백하게 말했다. 그리스도는 "세상을 '구원'하시기 위해 오셨고, 그 시작은 가장 강력한 힘인 에로스였다."[1]

이 얼마나 놀라운 주장인가! 세상의 구원은 에로스의 구원에서 시작된다. 왜 구원이 여기서 시작될까? 인생에서 가장 강력한 힘인 에로스는 "전체적인 인생관에 있어 선악 모두를 결정하는 힘이 있기 때문이다."[2] 남녀 관계는 윤리와 문화의 가장 중심이 되는 토대이기 때문에,[3] 에로스의 방향이 잘못 설정되면 "성생활과 *사회*, *경제*, 문화적 *삶*의 기능까지 변형시키는 전반적인 도덕적 무질서"로 이어진다.[4] 그리스도는 각 사람과 인류 모두를 그 뿌리부터 구원하기 원하신다. *우리의 뿌리가 에로스와 불가분의 관계에 있기 때문이다.*

죄로 인해 에로스는 우리를 거짓되고 뒤틀리고 추한 것으로 끌어내리는 인간의 기본적인 충동으로 경험된다. 예수님은 에로스를 "참되고 선하며 아름다운 것을 향한 인간 영혼의 거룩한 욕구"로 회복시키기 위해 오셨다.[5] 예수님이 첫 번째 기적이었던 가나의 혼인 잔치에서 에로스로 그분의 구원 사역을 시작하신 것을 볼 수 있다. 혼인 잔치에서 포도주가 떨어진 일화를 생각해 보자. 특히 최후의 만찬을 비롯해서, 성경 전체에서 포도주는 하나님의 사랑(아가페)을 상징하는 것도 기억해 보자. 죄가 시작된 때부터 에로스는 아가페와 단절되었다. 혹은 가나의 상징에서와 같이 에로스는 "포도주가 다 떨어진" 상태가 되었다. 예수님의 첫 번째 기적은 에로스에게 그 포도주를 넘치도록 회복시키고자 하신 것이다. "누구든지 목마르거든 내게로 와서 마시라"(요 7:37)고 하신 예수님은 우리가 마음껏 마시기를 원하신다!

이 관점에서 기독교인의 인생의 목표는 무엇일까? 바로 하나님의 포도주에 완전히 취하는 것이다. 오순절에 하나님의 사랑이 사도들에게 임했을 때 군중은 사도들을 어떻게 비난했는가? "잔뜩 술에 취했군!" (행 2:13~15). 이와 같이 복음은 우리를 하나님의 포도주에 거룩하게 취하도록 초청하여 몸과 영혼, 성, 영성 등 우리의 전 인격이 거룩한 사랑으로 불타오르게 한다. 예수님은 세상에 불을 지르러 오셨다(눅 12:49 참고). 그러니 불에 데는 것을 두려워하지 말자!

산상 수훈

온전한 인간관을 찾기 위해 이제 예수님의 세 가지 핵심이 되는 말씀 중 그 두 번째를 살펴보자. 이번에는 산상 수훈에 나오는 말씀을 살펴보고자 한다. "'간음하지 말라' 하였다는 것을 너희가 들었으나 나는 너희에게 이르노니 음욕을 품고 여자를 보는 자마다 마음에 이미 간음하였느니라"(마 5:27-28).

예를 들자면, 예수님께서 남성이 여성을 성적 대상으로 여기는 것에 대해 직접 언급하셨지만, 이 원칙은 여성이 남성을 성적 대상으로 여기는 경우에도 동일하게 적용된다. 물론 일부 남성과 여성이 동성애적 욕망을 느끼는 것은 타락한 세상의 일면이다. 동성애는 복잡하고 민감한 문제이기 때문에 여기서 다루기에 더 깊은 논의가 필요하지만, 성경에 충실한 "몸의 신학"이 이 특별한 문제를 어떻게 조명하는지에 대해 적어도 간략한 개요는 제공할 수 있다. 먼저, 우리는 인간의 마음 속에 있는 에로스의 진실되고 선하며 아름다운 면모를 인정할 수 있고 인정해야만 한다. 여기에는 자신의 성별 고유의 선함에 마땅히 끌리는 것도 포함된다. 하지만 원죄로 각자의 에로스의 방향이 상실되었음을 인식해야 한다. 즉, 우리가 갈망하는 사랑을 얻는 방법은 단순히 지금 경험하고 있는 에로틱한 욕망에 복종하는 것이 아니다. 그것은 사랑이 아니라 우리의 이기적인 쾌락을 위해 다른 사람을 이용하는 것이다. 사실 우리를 남자와 여자로 지으신 하나님의 본래 계획에 따라 우리 모두 성적으로 "방향을 전환시킬" 필요가 있다.

죄가 들어오기 전 본래의 상태가 성에 대한 성경의 이야기를 진정으로 이해하는 기준이 된다. 따라서 "본래는 그렇지 아니하니라"(마 19:8)는 예수님의 선포는 이혼뿐만 아니라 하나님의 본래 계획에서 벗어난 인간의 모든 형태의 마음에 대해서도 결정적인 영향을 미친다. 동성애 성향은 우리의 타락한 상태에서 생겨난 수많은 성향 중 하나에 불과하다. 이 성향은 우리가 선택한 것이 아니라 인간의 죄성을 물려받은 것이다. 하지만, 우리는 이 성향을 발전시킬 수도 있고 맞서 싸울 수도 있다. 우리는 *모두* 예수님을 따르는 일과 관련된 영적 전투에 부름을 받았다. 우리 *모두에게*는 욕구를 정결하게 하고 치유할 소명이 있다. 그러기 위해 훈련과 자기 부인이 필요하다. 하지만 이 훈련은 억압적이고 파괴적인 것이 아니라, 진정으로 자유롭게 하며 세우는 것이다.

음욕에 대해 예수님이 산상 수훈에서 하신 모든 말씀은 *에로스를 하나님의 본래 계획대로 치유하고 회복시키는 것*이다. 이 말씀은 우리의 타락이 아무리 뚜렷하게 나타난다 해도, 모든 사람에게 동일하게 적용된다. 우리 마음에 호소하시는 예수님의 말씀을 통해 우리는 "반드시 잃어버린 인간성의 충만함을 재발견하고 되찾길 원해야 한다."[6] 우리가 그렇게 할 수 있게 되는 진정한 능력은 예수님의 말씀으로부터 흘러 나온다. 물론 쉽지 않다. 하룻밤 사이에 일어나지도 않는다. 바울처럼 우리도 이 땅에서의 여정 내내 육체의 연약함이라는 특별한 "가시"를 지니고 있을 수도 있다(고후 12:7 참고). 그럼에도 불구하고, 하나님의 은혜는 성을 본래 "심히 좋게" 설계하신 방식에 우리가 신실하게 머물 수 있게 하기에 충분하다.

그래서 "몸의 신학"은 특별한 어려움에 처한 사람은 물론이고 모든 사람을 위한 것이다. 간단히 말해서 성경에 기초한 올바른 "몸의 신학"은 창조, 타락, 구속을 살펴봄으로써, 마치 하나님께서 우리를 그렇게 만드신 것처럼 우리의 타락을 당연시하려는 강한 유혹으로부터 우리를 구원해 준다. 우리가 깨어진 상태여도 괜찮다. 모두 다 그렇다. 하나님은 바로 그 자리에서 우리를 사랑하시고, 우리를 만나러 바로 그 자리로 오신다. 하지만 우리의 깨어진 상태를 "건강"하다고 하는 것은 괜찮지 않다. 그렇게 하는 한, 우리 자신이 아프다는 사실을 인정하지 않기 때문에 의사가 필요 없다고 생각하는 환자처럼 하나님의 치유의 손길을 거부하게 된다.

주님, 우리가 이 책을 통해 구원의 말씀을 살펴볼 때, 우리의 마음이 당신의 치유의 능력을 향해 열리게 하소서!

음욕을 품고 보는 것

예수님이 "음욕을 품고 보는 것"에 대해 말씀하실 때, 단순한 시선이나 순간적인 생각이 마음으로 간음하게 했다고 하신 것이 아니다. 타락한 인간이기 때문에 우리는 항상 몸과 마음으로 음욕의 유혹을 느낄 수 있다. 이것이 우리가 죄를 지었다는 의미는 아니다. 중요한 것은 음욕의 유혹을 받을 때 그것을 가지고 무엇을 하는가이다. 하나님의 도움을 구하면서 저항할 것인가, 즐길 것인가? 즐긴다는 것은 적극적으로 "마음에" 다른 사람을 그저 우리 자신의 만족을 위한 대상으로 취하는 것이다. 그렇게 하면 그 사람과 우리 자신의 존엄성 모두를 심각하게 손상시킨다. 우리는 "우리 자신을 위해서" 사랑받기 위해 창조되었지, 결코 다른 사람을 위한 대상물로 이용되라고 지음받지 않았다. 이 경우 사랑의 반대는 미움이 아니다. 오히려 사랑의 반대는 자신의 이기적인 목적을 위한 수단으로 다른 사람을 *이용*하는 것이다.

더 나아가, 예수님이 "여자"를 음욕을 품고 바라보는 것을 언급하신 것이 중요하다. 여기서 배우자 이외의 다른 사람으로 그 대상을 제한하지 않으셨다. 요한 바오로 2세는 이렇게 말했다. 남자가 아내가 아닌 다른 여자를 음욕을 품고 바라보는 것 뿐만 아니라, "엄밀히 말해서 그런 식으로 여자를 바라보기 때문에 마음으로 간음한 것이다. 그가…아내를 이런 식으로 바라보기만 해도 그는 '마음으로' 간음한 것이다."[7] 결혼한 부부의 침대 위에서 일어나는 넘치는 열정과 억제할 수 없는 기쁨은 멋진 일이다. 하지만 배우자를 단순히 자신의 이기적인 쾌락을 위한 대상으로만 대하는 것은 결코 사랑의 행위가 아니다.

대부분의 남성 기독교인들은 이 중요한 의미를 이해하지 못한다. "음란한" 문화 속에 있는 우리를 돕겠다고 기독교 시장에 쏟아져 나오는 각종 책과 프로그램도 그 의미를 거의 이해하지 못한다. 그런 프로그램은 주로 남편의 성적 욕구가 아내를 향하도록 돕는 것을 목표로 한다. 물론 좋은 첫걸음은 될 수 있다. 하지만 남성들이 *어떤 종류의 욕망*을 아내를 향해 품고 있는지를 점검하게 해 주는 프로그램은 거의 없다.

한 프로그램에서 남편이 아내에게 성적 요구를 할 때 느끼는 죄책감을 덜어 주겠다고, 그런 경우 치즈버거가 먹고 싶을 때 느끼는 양심의 가책 이상을 갖지 말라고 제안하는 것을 본 적이 있다. 배고픔과 성적 욕망을 어느 정도 비교할 수는 있지만, 이 비유가 아내를 고기 한 조각으로 축소시킨다는 사실을 알고 있는가? 한 남자가 아내를 소비의 대상으로 여기며 접근한다면 그것은 사랑이 아니라 음욕이다.

여기서 우리 남성들에게 너무 많이 같은 말을 되풀이할 생각은 없다. 여성들의 욕구도 원죄로 심하게 왜곡되었고, 이 때문에 많은 남성들의 인생이 무너졌다. 그럼에도 불구하고 남성들은 신랑으로서 그리스도를 본받으라는 구체적인 성경의 부르심을 받았기 때문에, 남녀 관계에서 사랑의 균형을 회복해야 할 "특별한 책임"이 남성에게 있다는 요한 바오로 2세의 의견에 동의한다. "균형을 유지하느냐, 깨뜨리느냐, 심지어 이미 깨어졌더라도 재건하느냐는 남성에게 더 많이 달려 있는 것 같다."[8] 이 재건에 있어 중요한 부분은 부부가 서로에게 성관계를 요구하는 동기를 재검토하는 것이다.

수년 동안 이 도전에 대해 많은 남성들이 다양한 성경 구절을 인용하면서 다른 식의 접근 방법을 정당화하려고 시도했었다. 하지만 복종에 대한 바울의 가르침(엡 5:22-23 참고)과 혼인의 의무(고전 7:3-5)에 대해 정직하게 이야기하고자 한다면, 바울이 분명히 말한 것처럼 남편의 의무란 "예수님께서 교회를 사랑하신 것같이"(엡 5:25) 아내를 사랑하는 것임을 인식해야 한다. 이 의무에 복종하는 것은 아내를 물건처럼 취급하는 것을 정당화할 수 없다는 것을 의미한다. 오히려 바울은 데살로니가 교인들에게 "하나님의 뜻은 이것이니…각각 거룩함과 존귀함으로 자기의 아내 대할 줄을 알고 하나님을 모르는 이방인과 같이 색욕을 따르지 말고"(살전 4:3-5)라고 말했음을 기억하자.

지금 부부간의 성관계가 열정적이면 안 된다는 말이 아니다. 음욕의 열정과 하나님의 사랑을 본받아 표현하고자 하는 열정은 별개이다. 전자는 훈련받지 않은 사람이 무모하게 피아노를 두드리며 무의미한 소음을 내는 것과 같다. 후자는 피아노 앞에 앉아 우리의 영혼을 천국으로 끌어올리는 음악가가 내는 음악과 같다. 어떤 종류의 열정을 선호하는가? 전자는 아무런 훈련이 필요하지 않다. 후자는 일생에 걸쳐 훈련을 필요로 한다. 음악가로 부름을 받은 사람은 상대적으로 적지만, 모든 사람은 하나님처럼 사랑하는 법을 배우도록 부름을 받았다.

이것이 사도 바울이 여러 서신서를 통해, 예수님이 산상 수훈에서 음욕에 대해 하신 말씀을 통해, 우리에게 주신 소명이기도 하다. 이 말씀들은 "인간의 마음 속에 얼마나 깊숙한 곳까지 내려가야 하며, 가장 은밀한 구석진 자리까지 얼마나 철저히 드러나야 하는지를 보여 준다. 그렇게 해야 비로소 그 마음이 [사랑의] 법이 '성취되는' 장소가 될 수 있다."[9]

이 세상에서 가장 거룩한 배우자라 할지라도 이런 "사랑의 법"대로 완벽하게 살아낼 수 없지만, 하나님의 자비와 은혜로 우리의 마음이 변화되는 여정에 우리를 온전히 맡기는 것이 중요하다. 그렇지 않으면 "성관계"는 "음욕의 결과물"에 지나지 않으며, 이는 남편과 아내 모두에게 큰 상처를 준다. 아마도 지금까지 결혼이란 성적 욕구를 하나님의 본래의 계획대로 회복시키는 길이라기보다는, 음욕의 "합법적" 배출구라고 생각했을 수 있다. 그랬다면 예수님께서 복음의 빛이 당신의 성을 새로운 방식으로 비추게 하도록 청하고 계실 것이다. 두려워하지 말자!

정죄가 아닌 구원의 말씀

음욕에 대한 예수님의 말씀은 도전적이고 심지어 가혹하기까지 하다. 이 말씀의 엄중함을 두려워해야 할까, 아니면 오히려 우리를 구원하는 그 말씀의 힘을 믿어야 할까? 이 말씀이 우리를 구원하는 힘이 있는 이유는 그 말씀을 하시는 분이 "세상 죄를 지고 가는 하나님의 어린 양"(요 1:29)이기 때문이다. 대부분의 사람들은 예수님의 말씀에서 정죄만을 본다. 예수님이 세상에 오신 것은 정죄하기 위해서가 아니라 구원하기 위해서라는 사실을 우리가 잊고 있는 게 아닐까(요 3:17 참고)?

음욕에 관한 예수님의 말씀은 우리더러 "온전한 형상을 입으라"고 청한다.[10] 원죄의 산물인 음욕은 우리 각자에게 있는 하나님의 아름다운 성적 사랑을 향한 본래의 계획을 알아보지 못하게 하지만, 그 계획을 완전히 없애지는 *못한다*. 요한 바오로 2세는 주님이 주신 우리 마음 속의 유산은 음욕보다 더 깊은 곳에 있으며, 자신을 정직하게 돌아본다면 더 깊은 것을 원하는 것을 알 수 있다고 말한다. 인간의 마음이 깊은 우물이라면 그 우물이 탁한 물로 가득 차 있다는 것은 사실이다. 하지만 진흙과 오물을 헤치고 들어가면 우물 바닥에서 샘을 찾게 될 것이다. 이 샘에서 물이 솟아나게 하면, 우물은 깨끗한 생수로 가득 차고 넘치게 된다. 이 샘이 바로 우리 마음 속 "깊은 곳에 주신 유산"이다. 예수님의 말씀은 그 깊은 유산을 다시 가동시켜 우리 삶에 실제적인 힘을 준다.[11]

이는 우리가 음욕과 혼란에 그저 대처하며 인생을 살아갈 필요가 없다는 뜻이다. 달라스 윌라드의 표현을 따르면 예수님께서 십자가에서 죽으시고 부활하신 것은 우리에게 "죄를 관리하는" 프로그램을 주시기 위해서가 아니다.[12] 예수님이 십자가에서 죽으시고 부활하신 것은 우리를 죄에서 구원하여 우리도 새 생명을 살 수 있도록 하기 위해서이다 (롬 6:4 참고). 다시 한번 더 강조하지만, 이 "새 생명"은 세상이 끝날 때 부활을 통해서만 성취될 것이지만, 예수님의 부활이 이미 우리 안에서 역사하고 있다는 것도 사실이다. 바로 지금 여기에서 우리는 에로스의 회복, 즉 우리 마음의 변화를 경험할 수 있다. 우리는 그 여정에 온전히 헌신해야 한다. 윌라드가 지적했듯이, 은혜는 노력에 반대되는 것이 아니라, 일해서 버는 것이란 개념에 반대되는 것이다.[13] 이 여정은 오르막과 내리막으로 가득차 있고, 그 과정에서 승리도 좌절도 경험하게 될 것이다. 하지만 우리는 이 여정을 충분히 해낼 수 *있다*. 하나님의 은혜면 우리에게 충분하다!

하나님의 선물에 대한 의문

우리 성의 회복이 무엇을 수반하는지 더 명확하게 이해하려면 먼저 하나님의 본래의 계획으로부터 타락한 과정과 이유를 살펴보아야 한다. 그렇기 때문에 요한 바오로 2세는 다시 한번 창세기로 돌아가서 원죄의 본질과 무화과나무 잎의 등장을 살펴본다.

그는 원죄를 "선물에 대한 의문"이라고 설명한다. 여기에 대해 조금만 설명을 덧붙이겠다. 인간 마음의 가장 깊은 갈망은 하나님의 생명과 사랑을 공유함으로써 "하나님과 같이" 되는 것이었다. 본래 하나님은 남자와 여자에게 자신의 생명과 사랑을 대가 없는 선물로 주셨다. 배우자의 형상을 사용하여 하나님은 스스로 *먼저* "신랑"이라는 선물이 되셨고, 사람(남자와 여자)은 "신부"로서 마음을 열고 그 선물을 *받았다*. 그 결과 남자와 여자는 결혼 생활의 자기희생과 연합을 통해 그 "사랑의 교환"을 똑같이 따라할 수 있었다.

그들이 이렇게 하나님을 닮은 모양을 유지하고 그분의 사랑 안에 머물 수 있도록 하나님은 "선악을 알게 하는 나무의 실과"를 먹지 말라고 하셨다. 선악을 알게 하는 나무의 실과를 먹으면 생명과 사랑의 원천에서 단절되기 때문이다. 즉, 그들은 죽게 될 것이다(창 2:16-17 참고).

아주 단순해 보인다. 그렇다면 어디서부터 모두 잘못된 것일까? 사탄은 바보가 아니다. 그는 하나님이 남녀의 결합을 하나님의 생명을 나누어 주시는 것으로서 창조하신 것을 알고 있다. 우리가 그것을 못하게 막는 것이 사탄의 목표다. 그래서 그는 '한 몸'이 되도록 창조되고 부름을 받은 "*'본래'부터 남자와 여자로 이루어진 그 연합의 바로 핵심*"을 공격의 목표로 삼는다.[14]

하나님의 선물을 선뜻 받아들인다는 점에서 우리 모두를 "신부"로 상징하는 여자에게 다가간 뱀은 "[선악과를 따 먹어도] 너희가 결코 죽지 아니하리라...너희가 그것을 먹는 날에는 너희 눈이 밝아져 하나님과 같이 되어 선악을 알 줄 하나님이 아심이니라"라고 주장한다(창 3:4-5). 뱀의 유혹은 이렇게 들린다. "하나님은 너를 사랑하지 않아. 그분은 너를 돌보지도 않지. 하나님은 너가 진정으로 원하는 것을 하지 못하게 하려는 폭군이고, 노예처럼 부리는 존재야. 그래서 그 나무의 열매를 먹지 말라고 한 거야. 생명과 행복을 원하고 '하나님처럼' 되고 싶다면, 너 스스로 손을 뻗어서 그것을 *움켜잡아야* 해. 왜냐하면 하나님은 절대로 너한테 그것을 주지 않을 테니까."

여기에 하나님의 선물에 대한 *의심*과, 궁극적으로 거부가 있다. 하나님 앞에서 기꺼이 받아들이는 신부가 되길 거부하고 스스로 "행복"을 *움켜쥐려는* 순간, 그들은 하나님의 사랑과 하나님의 선물로부터 등을 돌린 것이다. 하나님의 사랑을 그들의 마음에서 내쫓는 것이다. "이에 그들의 눈이 밝아져 자기들이 벗은 줄을 알고 무화과나무 잎을 엮어 치마로 삼았더라"(창 3:7).

"움켜잡으려는" 성향은 우리의 타락한 본성에 내재되어 있는 것 같다. 어린 아이들에게서도 이 성향을 관찰할 수 있다. 큰 아들이 다섯 살 때 과자를 달라고 했던 때가 기억난다. 선물로 주려고 상자에서 과자를 꺼내기도 전에 아이는 무엇을 했을까? 과자 상자를 붙잡았다. 가르침을 주는 시간으로 이 순간을 사용하기 위해 아이에게 "잠깐만! 너가 선물을 꺼내지 못하게 하고 있잖아. 아빠는 널 사랑해. 아빠는 이 과자를 너한테 선물로 *주고* 싶어. 너가 선물을 받을 것을 믿는다면 자신 있게 손을 내밀어서 과자를 선물로 *받기만* 하면 되는 거야."라고 말했다. 이것이 바로 우리 모두의 문제이다. 우리는 아버지의 사랑을 충분히 믿지 못하기 때문에 "과자"를 움켜쥐려고 한다.

성의 재발견

하나님은 아담과 하와에게 나무 열매를 따먹으면 죽을 것이라고 말씀하셨다. 그들이 즉시 쓰러져 죽지는 않았지만 영적으로 죽었다. 창조 행위로서 하나님은 자신의 생명과 사랑으로 그들의 몸에 생기를 *불어넣으셨다*(창 2:7 참고). 이제 그들의 몸이 하나님의 영을 *내보냈다*. 바로 이 순간이 그들의 "포도주가 다 떨어진" 순간이며, 에로스가 아가페(하나님의 사랑)에서 "벗어난" 바로 그 순간이다.

이 시점부터 *당신이 가지고 있지 않은 것을 줄 수 없다*는 기본 원칙이 적용되었다. 성관계의 목적은 하나님의 사랑을 나누는 것이었지만, 그들은 더 이상 나눌 수 있는 하나님의 사랑이 없었다. 그렇다면 무엇이 남았을까? 음욕이다. 하나님과의 관계에서 "선물을 거부"한 그들은 더 이상 성욕을 서로에게 선물이 되는 힘으로 경험하지 못하게 되었다. 대신 자신의 만족을 위해 서로를 *붙잡고 소유하기*를 원했다. 음욕을 시작으로 "그 선물의 관계는 전용(appropriation)의 관계로 바뀌었다."[15] 여기서 "전용하다(appropriate)"라는 말은 *이용할* 욕망으로 "움켜잡는 것"을 의미한다.

요한 바오로 2세는 이를 "성의 두 번째 발견"이라고 부르는데, 이는 첫 번째 발견과 근본적으로 다르다.[16] 성을 처음 발견했을 때 아담과 하와는 완전한 평화와 평온을 경험했다. 하지만 이제 그들은 즉시 상대방의 "시선"에서 위협을 느끼게 되었다. 본래 벌거벗은 몸은 하나님과 같은 존엄성을 드러냈다. 이제 그들은 본능적으로 숨긴다.

따라서 수치심은 이중적인 의미를 지니게 되었다. 몸이 지닌 배필로서의 의미(성에 각인되어 있는 하나님의 사랑의 계획)를 잃어버렸음을 나타내지만, 동시에 음욕의 타락으로부터 몸이 지닌 배필의 의미를 보호해야 할 내재적 필요성을 나타내기도 한다. 요한 바오로 2세가 통찰력 있게 표현한 것처럼, 음욕은 몸이 지닌 배필로서의 의미의 "잔해를 짓밟고", 몸의 "성적인 요구"만 직접적으로 만족시키려고 한다.[17] 자신을 내어주는 진정한 선물이자 진정한 인격적 하나됨과는 별개로 "성적인 감각"을 추구한다. 사실 음욕은 그 하나됨을 파괴한다.

음욕은 성관계에 유익한 것으로 생각되거나, 성적 욕망이 *증가*하거나 *강화*된 것으로 여겨지기도 한다. 사실 음욕은 태초에 하나님께서 계획하신 성적 욕망의 충만함을 *감소*시키는 것이다. 음욕을 가지면 "더 많이" 얻는 것이 아니라 훨씬 적게 얻는다. 하나님의 계획에서 성적인 사랑의 기쁨은 천국의 축복과 행복을 미리 맛보는 것이다. 하지만 에로스가 우리를 무한한 사랑과 만족을 충만하게 즐길 수 있는 잔치로 이끄는 것이라면, 음욕은 패스트푸드에 대한 갈망, 즉 당장은 맛있지만 궁극적으로는 중독되고 이용당하는 느낌을 주는 즉각적인 만족을 향한 갈망으로 에로스를 축소시킨다. 음욕을 탐닉해도 우리가 갈망하는 곳에 도달할 수 없으며, 그 "갈망"이 계속 우리를 갉아먹고, 마음 깊은 곳의 그 외침은 여전히 우리를 괴롭힌다.

왜 우리는 거룩한 잔치 대신 패스트푸드를 선택했을까? 우리가 "선물을 거부"했기 때문이다. 우리는 하나님이 우리의 욕구를 충족시키기 원하신다고 믿지 않는다. 바로 이것이 원죄이다. 우리는 "하나님의 진리를 거짓과 바꾸어"(롬 1:25) 하나님이 우리를 막고 있다고 믿게 되었다.

우리는 영원한 기쁨을 위해 창조되었다. 우리는 하나님을 위해 창조되었기 때문에 무한한 기쁨을 원한다. 그러나 하나님이 우리를 막고 있다고 믿기 시작할 때, 욕망(에로스)의 충족이 전적으로 우리에게 달려 있으며, 우리를 위해 하나님이 채워주시지 않을 것이라고 믿게 되었다. 패스트푸드가 순간적이고 덧없는 "만족"이 되며 하나님은 대용품이 된다. 수치심은 그 결과로 나타나며, 무언가 심각하게 잘못되었음을 내면적으로 깊이 인식하게 된다.

"내가 벗었으므로 두려워하여 숨었나이다"(창 3:10). 이 순간부터 수치심은 "전 인간 존재에 근본적인 불안"을 야기한다.[18] 사실 수치심은 남성과 여성의 "가장 깊은 곳을 건드려 그들 존재의 바로 그 근원을 흔드는 것"처럼 보인다.[19] 어떤 면에서 남성과 여성은, 그들의 몸(정확히 말하면 남녀를 구별해 주며 연합을 위한 신체 부위)을 무화과나무 잎으로 가리고, 자신들의 몸을 음욕의 원인이라며 비난한다. 그러나 이러한 접근 방식은 말 그대로 핑계다. 자신들 마음의 깊은 문제를 직면하지 않으려는 변명일 뿐이다.

예수님이 산상 수훈에서 강조하신 것처럼, 음욕은 무엇보다도 육체의 문제가 아니라 마음의 문제이다. 마음 속의 잘못된 욕망을 해결하지 않는 한 우리는 하나님이 창조하신 남자와 여자로 결코 살 수 없다. 음욕은 각 남성과 여성의 인격에 따라 다르게 영향을 미칠 수 있지만, 남성과 여성의 마음은 모두 사랑과 음욕 사이의 전쟁터가 되어 버렸다.

기독교 정신: "마음에서 우러나오는" 도덕률

우리의 행동을 외부적 규범에 맞추는 것만으로는 충분하지 않다. 우리 모두는 거룩함에 이르지 않아도 (즉, 하나님의 사랑에 "감화된" 마음이 없어도) "규칙"을 따를 수 있다는 것은 안다. 이런 류의 엄격하고 생명력도 없으며 자신을 정당화하려고 규칙을 지키는 것을 율법주의 또는 도덕주의라고 한다. 산상 수훈에서 예수님께서 명령하신 것은 이와는 *아주* 다른 것이다. 예수님은 마음에서 우러나오는 "살아있는 도덕률"로 우리를 부르신다.

예수님은 "너희 의가 서기관과 바리새인보다 더 낫지 못하면 결코 천국에 들어가지 못하리라"(마 5:20)고 말씀하시면서 도덕률의 "새로운" 장을 여셨다. 유대인들에게 이 말씀이 어떻게 들렸을까? 바리새인과 율법 교사들은 가장 의로운 사람들로 여겨졌다. 그러나 대부분은, 적어도 예수님께서 지적하신 바리새인들과 율법 교사들은 모두 외적인 면에 치중했다. 그들은 윤리(ethic)를 준수했지만 "정신"(ethos)은 왜곡된 채로 남아 있었다.

"윤리"는 "이것을 하라/저것을 하지 마라" 같은 외부적 규범, 규칙이다. "정신"은 한 사람의 내면의 가치관, 즉 마음속 깊은 곳에서 끌리고 거부하는 것을 말한다. 산상 수훈에서 예수님은 하나님의 도덕률을 확인시켜 주실 뿐만 아니라 하나님의 계명의 진정한 정신, 즉 계명이 우리 *내면*에 명령하시는 바를 선포한다. 사실상 예수님은 이렇게 말씀하신다. "간음하지 말라는 율법을 너희가 들었으나, 문제는 간음을 하고 싶어하는 너의 *욕망*이다. 너희의 *정신*은 음욕으로 가득 차 있기 때문에 문제다."라고 말씀하신다.

잔인해 보이기까지 하다. 우리가 음욕으로 가득 차 있다는 것을 아시면서 예수님은 "음욕을 품지 말라"고 말씀하신다. 좋다! 그렇다면 우리는 무엇을 해야 할까? 예수님은 우리가 결코 충족시킬 수 없다는 것을 아시는 기준을 제시하신다. 우리 욕망은 어떤 종류의 구원이나 변화를 경험하지 *않는 한*...절망적으로 보일 수 밖에 없다. 여기가 바로 복음이 *기쁜* 소식이 되는 지점이다. 요한 바오로 2세는 예수님께서 산상 수훈에서 선포하신 "새로운 정신"은 우리에게 과제로만 주어진 것이 아님을 거듭 강조했다. 그것은 선물로도 주어졌다. 우리는 결함, 연약함, 죄성만 남은 존재가 아니다. 산상 수훈에서 예수님은 우리의 욕망에 새로운 상태를 부여하는 능력 있는 말씀을 하신다. 우리 영혼의 깊은 토양에서 열린 마음으로 그것을 받아들일 때 그 능력이 우리 안에서 작동한다.

"기독교 정신은 창조주의 본래 계획에 따라 *몸과 성의 가치를 표현하고 실현하게끔 사람의 양심과 태도를 변화시키는 것*이 특징이다."[20]

이 얼마나 좋은 소식인가! 얼마나 기쁜 소식인가! 우리는 음욕에 *얽매여* 있지 않다. 새로운 차원의 *정신*은 항상 음욕으로부터 해방된 마음과 연결되어 있다. 정욕의 사슬에서 서서히 풀려날 때 비로소 하나님의 본래 계획에 따라 자유롭게 사랑할 수 있게 된다. 이것이 인간성의 정확한 의미를 실현하는 살아있고 생명을 주는 도덕률이다.

율법으로부터의 자유

대부분의 사람들은 기독교의 도덕, 특히 성도덕을, 따라야 하는 억압적인 규칙들의 목록처럼 생각한다. 이러한 (잘못된) 이해가 예수님께서 선포하신 "살아있는 도덕률"과 얼마나 거리가 먼가! 복음은 우리에게 따라야 할 규칙을 더 많이 제시하는 게 아니다. 복음은 *우리의 마음*을 *변화시켜* 규칙이 더 이상 필요 없게 만든다. 이러한 마음의 변화를 경험하는 정도에 따라 우리는 성경이 말하는 "율법으로부터의 자유"(롬 7장, 갈5장 참고)를 경험하게 된다. 이는 율법을 어기는 자유가 아니라 율법을 *성취할* 자유이다.

율법으로부터의 자유가 어떤 것인지 보여주는 예시는 다음과 같다. 가장 친한 친구를 죽이고 싶은가? 이상한 질문처럼 보일 수 있지만, 이 질문은 요점을 실제로 보여 준다. 죽이고 싶은 마음이 없다면, "네 절친을 죽이지 말라"는 계명도 필요가 없다. 애초에 그 계명을 어기고 싶은 욕구가 없기 때문이다. 이 정도로 당신은 "율법으로부터 자유롭다." 즉, 당신의 마음이 이미 이 율법에 맞기 때문에 "네 절친을 죽이지 말라"가 부담이 되지 않는다.

죄가 들어오기 전 인간의 마음은 하나님의 뜻에 전적으로 맞았다. 예를 들어, 최초의 부부에게는 간음을 금지하는 법이 필요하지 않았다. 그들 주변에 다른 사람이 없었기 때문만이 아니라 간음하고 싶은 욕구 자체가 없었기 때문이다. "구멍 난 타이어 증후군"이 있을 때만 우리의 욕망과 우리를 향한 하나님의 뜻 사이에 불일치를 경험한다. 여기서 율법의 본질적인 목적이 드러난다. 바울이 말한 것처럼 율법은 우리에게 죄를 깨닫게 하기 위해 주어졌다(롬 7:7 참고). 하지만 예수님께서 "너희가 계명을 들었으나…나는 너희에게 말한다"라고 말씀하신 것은 우리에게 율법 이상의 것이 필요하다는 것을 나타낸다.

구약의 율법은 선하고 의롭지만 그 율법을 지킬 수 있는 성령의 은혜를 저절로 주지는 않는다. 즉 우리에게 "포도주가 다 떨어졌다"는 사실을 깨닫게 해 주지만 새 포도주를 제공하지는 않는다. 하지만 복음의 율법은 마음을 변화시키고 새 포도주가 넘쳐 흐르도록 회복시킨다. 우리가 "새 포도주"에 "취하게" 되면 율법을 어기고 싶은 마음이 없어지기 때문에 더 이상 율법이 필요 없다. 우리는 "율법으로부터 자유롭다."

아직도 우리 마음에 자유해야 할 부분이 있는지 판단하기 위해 스스로에게 물어볼 수 있는 질문이 있다. 어떤 법이 여전히 필요할까? 어떤 법이 부담되거나 강요처럼 느껴지는가? 아마도 문제는 법에 있는 것이 아니라 우리 자신의 "완고한 마음"에 있을 것이다. 이러한 상황에 처해 있다면 해결책은 법을 버리는 것이 아니다. 해결책은 왜곡된 욕망을 예수님께 내어 드리고 그분이 변화시키도록 하는 것이다.

"새 포도주"를 깊이 마시지 않고 모든 율법을 따르려고 하는 것은 부질없는 일이다. 그렇게 하는 사람들은 독선적인 위선자가 되거나 합리화하고 물탄 복음을 위해 하나님의 율법을 버리게 될 것이다. 양쪽 모두, 좋은 소식이 없는 "복음"이다. 그리스도가 없는 기독교이다. 자기 의에 빠진 사람과 율법이 없는 사람 모두 윤리 규범의 속박으로부터 "새롭게 된 정신"의 자유, 즉 구원의 자유로 "넘어가지" 못한다.

이러한 자유는 우리를 선으로 이끄는 *외적인* 제약으로부터가 아니라 선한 선택을 방해하는 *내적인* 제약으로부터 우리를 자유롭게 한다. 참되고 선하고 아름다운 것을 *갈망*할 때 우리는 참 자유, 즉 *움켜잡고 소유*하려는 강박에서 벗어나 자유롭게 사랑하고 축복할 자유를 얻게 된다. 음욕에 탐닉하기 위해 율법을 버리는 사람들은 자신이 자유롭다고 생각할지 모르지만, 술병을 거절할 수 없는 알코올 중독자처럼 정욕을 거절하지 못하는 사람은 노예가 된다. "그리스도께서 우리를 자유롭게 하려고 자유를 주셨으니 그러므로 굳건하게 서서 다시는 종의 멍에를 메지 말라"(갈 5:1).

구속의 은혜가 되는 창조의 은혜

우리가 이 땅에 사는 한 이런 자유를 누리며 사는 것은 어렵고 불확실하다. 하지만 하나님의 자녀들의 영광의 자유에 이르게 하시는 은혜를 통해서 가능하다(롬 8:21 참고). 우리는 율법으로 의롭게 되는 것이 아니다. "그리스도 예수 안에 있는 속량으로 말미암아 하나님의 은혜로 값 없이 의롭다 하심을 얻은 자"(롬 3:24)이다.

남자와 여자가 마음을 새롭게 함으로 변화되고 서로를 위해 몸을 산 제물로 드릴 수 있는 것은 바로 이 은혜이다(롬 12:1-2 참고). 본래 남자와 여자는 은혜로 충만하여 하나님의 포도주에 취했었다. 그들이 하나님의 사랑을 의심하고 "선물을 부정"했을 때, 그들은 은혜로부터 떨어져 나오고 "포도주도 다 떨어졌다." 이것이 문제의 원인이라면 해결을 위한 첫 번째 단계는 무엇일까? 믿음이다. 원죄가 하나님의 선물을 부정한 것이라면, "*믿음은 그 본질상 사람이 선물, 즉 성령 안에서 하나님이 친히 말씀하시는 것에 마음을 여는 것*이다."[21]

산상 수훈에서 예수님께서 정욕을 이기라고 말씀하실 때, 그 말씀은 본래 창조의 은혜가 우리 서로에게 구원의 은혜가 되었다는 것을 증거한다.[22] 하나님의 아들이 육신을 입고 십자가에서 죽으신 것은 우리의 죄된 본성이 죽게 하기 위함이었다. 그분은 우리 인류를 "재창조"하시기 위해 죽음에서 부활하셨다. 그분은 영광스러운 몸으로 하늘로 오르셔서 우리 몸에 하나님의 생명과 사랑을 다시 한번 "불어넣으셨다." 이 구속의 은혜를 통해 그리스도는 은혜의 선물을 부정했을 때 우리 몸에서 "빠져나간" 동일한 성령(은혜)을 우리 몸에 다시 불어넣으셨다(요 20:22 참고). 이 구속의 은혜를 통해 우리의 에로스에 아가페의 포도주를 다시 부어 주신다.

회개하고 복음을 믿으라

예수님의 전 생애는 믿기 힘든 진리를 증거한다. 하나님은 우리를 사랑하신다. 그분은 우리를 대적하시는 것이 아니라 우리를 절대적으로 *지지하신다*. 물론 우리는 "예수 사랑하심은 거룩하신 말일세"라며 하나님의 사랑을 믿는다고 한다. 그러나 그분의 사랑을 정말 믿는지는 우리가 욕망 가운데 있을 때 하나님 앞에 서는 자세에 달려 있다. 우리는 과자를 *쥐고* 있는가? 아니면 하나님의 선물에 *개방적이고 수용적이며 참을성 있게 기다리고* 있는가?

모든 죄를 세상에 들어오게 한 "선물을 부정했던" 원죄에 대해 예수님은 삶으로 다음과 같이 선포하신다. "하나님께서 너희를 사랑하신다는 것을 믿지 않는구나! 하나님이 너희를 얼마나 사랑하시는지 보여주마. 하나님이 '선물'이라는 것을 믿지 않지? 이것은 너희를 위하여 *선물로 주는 내 몸이다*(눅 22:19 참고). 하나님께서 너희에게 생명 주시길 원하지 않는다고 생각하지? 나는 내 자신을 내어주어 내 생명의 피로 너희들이 생명을 얻고 또 더 넘치게 얻게 하려고 왔다(요 10:10 참고). 하나님이 폭군이고 노예를 부리는 분이라고 생각되니? 나는 종의 형체를 가졌다(빌 2:7 참고). 하나님은 '섬김을 받으려 함'이 아니라 도리어 '섬기려' 오셨다(마 20:28 참고). 하나님이 기회만 되면 너희 등에 채찍질할 거라 생각한다고? 하나님이 채찍질하기를 원하지 않으시다는 것을 보여주고자 너희가 내 등을 채찍질하게 하겠다. 나는 너희를 정죄하러 온 것이 아니라 너희를 구원하러 왔다(요 3:17 참고). 나는 너희를 종으로 삼기 위해 온 것이 아니라 너희를 자유롭게 하기 위해 왔다(갈 5:1 참고). 불신앙을 고집하지 말고 회개하고 복음을 믿으라(막 1:15 참고)."

"우리에게 주신 성령으로 말미암아 하나님의 사랑이 우리 마음에 부은 바 됨"이라(롬 5:5). 우리가 이 선물에 마음을 열고 "하나님이 우리를 사랑하시는 사랑을 우리가 알고 믿게" 될 때(요일 4:16), 구속의 은혜가 우리의 진정한 인간성을 회복시키며, 하나님의 선하심으로 우리의 마음에 활기를 불어넣기 시작한다. 이 은혜가 우리를 깨우치고 *변화시키*도록 받아들이는 정도에 따라, 성령님께서 우리의 성적 욕망을 "고귀하고 아름다운 모든 것"과 "사랑이라는 최고의 가치"로 채워 주신다.[23]

성령 안에 사는 삶과 몸의 구속

사도 바울의 용어를 살펴보면 은혜의 삶을 산다는 것은 "성령을 따라" 사는 것과 같은 말이다. 앞서 살펴본 것처럼 그는 이것을 "육신을 따라" 사는 것과 대조한다. "내가 이르노니 너희는 성령을 따라 행하라 그리하면 육체의 욕심을 이루지 아니하리라"(갈 5:16-17).

1장에서 논의한 내용과 같이 많은 기독교인들이 잘못 판단했던 것처럼, 바울이 육체를 정죄하거나 "영적인" 삶을 사는 데 내재적인 장애물로 생각한다는 의미가 *아니다*. 하나님의 말씀을 공부하면서 배운 대로, 몸은 영적인 삶의 구체적인 매개체이다. "성령을 따라" 사는 사람은 자신의 몸을 *거부하지 않고*, 혼과 육의 전 인격을 열어 하나님이 주시는 *영감*을 받는다.

큰 소망 가운데 요한 바오로 2세는 정욕이 우리의 욕망을 무질서하게 만들어 우리를 노예로 삼는 만큼이나 "성령을 따르는 삶"은 우리를 더욱 자유롭게 하여 다른 사람들에게 선물이 될 수 있게 한다고 선포한다. 정욕이 우리 몸을 향한 하나님의 계획의 진리에 눈을 멀게 하는 만큼, "성령을 따르는 삶"은 우리의 눈을 더욱 열어 몸이 지닌 배필로서의 의미를 보게 한다. 따라서 우리가 "성령 안에서의 삶"을 받아들이는 만큼, "우리 몸의 구속" 또한 경험한다(롬 8:23).

바울은 로마서에서 열정을 다해 몸의 구속에 대해 쓰면서 우리가 "속으로 탄식"하며 그것을 "간절히 기다린다"고 말한다(롬 8:23). 우리가 천국에서 몸의 구속이 성취되기를 고대하는 것은 사실이다. 하지만 "몸의 구속"은 이미 우리 안에서 일어나고 있다. 즉, 우리의 정욕이 "예수님과 함께 십자가에 못 박히도록"(갈 2:20 참고) 할 때, 점진적으로 본래 "몸이 지닌 배필로서의 의미"를 재발견하고, 그대로 살아갈 수 있다. 요한 바오로 2세는 정욕으로부터의 해방과 그 해방이 주는 자유가 사실상 진리 안에서 모든 삶을 함께 살아가는 조건이라고 믿는다.[24]

금욕이 아닌 순결

우리 몸의 구속을 실천하는 정도에 따라, 성적 순결이 성적 매력과 욕망을 억제하거나 억누르는 것이 아니라는 것을 이해하게 된다. 성숙한 순결이란 "모든 상황에서의 그 사람의 가치를 재빨리 인정하고, [성적 반응]을 인격적인 차원으로 끌어올리는 것"[25]이다. 산상 수훈에서 예수님이 단순히 "쳐다보지 말라"고 말씀하신 것이 아니다. 오히려 예수님의 말씀은 "다른 사람을 정결한 시선으로 보도록 요청하시면서 배필로서의 몸의 의미를 존중할 수 있게끔 한다."⁽²⁶⁾

물론, 음욕을 피하기 위해서 고개를 돌려야만 한다면, "쳐다보지 말라"는 뜻이 맞다. 고개를 돌리는 것이 우선적으로 필요한 때가 자주 있긴 하지만, 그러한 접근 방식은 순결의 "부정적인" 의미라고 할 수 있다. 미덕이 배양되면 "긍정적" 또는 "성숙한" 순결을 경험하게 된다. 성숙한 순결에서는 정욕을 이긴 승리의 열매를 즐기게 된다. 우리 몸이 "*지극히 단순하면서 명명백백하고, 내적인 기쁨까지*" 경험하게끔 회복시키는 "성령의 선물의 효과"를 누리게 된다.⁽²⁷⁾ 사실 모든 사람은 "부정적인" 면에서 시작해서, 성숙한 순결을 향해 가는 여정에 있다. 안타깝게도 많은 사람이 이게 기대할 수 있는 전부라고 생각하며 이 단계에 머물고 만다. 계속 나아가자. 많은 것들이 있다. 훨씬 더 많은 것들이!

물론 필자는 완벽한 사람과는 거리가 멀다. 그리스도를 따르는 것은 매일 도전이다. 필자는 스스로 인정하는 것보다 더 많은 면에서 타락한 사람이다. 하지만 동시에, 싸움의 한복판에서, 구속의 선물을 삶 속에서 올바로 사용해 나가면, 정욕이 우리 마음에 설 자리를 잃는다는 것을 증언할 수 있다. 우리는 하나님의 비밀의 표시인 "신학"으로서 우리 몸을 이해할 뿐만 아니라 *바라보고 경험하게* 된다. "마음이 청결한 자는 복이 있나니 그들이 하나님을 볼 것임이요"(마 5:8). 여기서 예수님이 우리에게 말씀하시는 바를 제대로 이해한다면, "마음이 청결한 자는 복이 있나니 몸을 통해 드러나는 하나님의 비밀을 그들이 볼 것이요"라고 덧붙일 수 있다.

그리스도인의 순결은 금욕이 아니다. 그것은 몸을 거부하지 *않는다*. "순결은 하나님 앞에서의 인간의 몸의 영광이다. 남성성과 여성성이 드러나는 인간의 몸은 하나님의 영광이다."⁽²⁸⁾ 온전한 순결은 오직 천국에서만 회복될 것이다. 하지만 지금도 정결한 마음은 우리 몸을 성령의 성전이자 하나님의 아름다움이 나타난 것으로 볼 수 있게 한다.

이런 종류의 순결이 가능하다는 것을 부정하는 그리스도인들은 자신의 정욕을 정당화하거나 율법에 집착하는 바리새인의 종교성에 갇혀 있을 것이다. 유명한 성경학자이자 러시아 정교회 사제인 알렉산더 멘(Alexander Men)은 바리새인들이 "지나가는 행인들에게 끊임없이 부딪혔다"고 말한다. "그들은 여자를 우연히라도 보게 될까 두려워서 눈을 들고 볼 생각조차 하지 않았다. 농담으로 그들은 '머리 부딪히지 마'라는 뜻을 지닌 단어인 *Khitsay*로 불렸다. 예수님의 자유 때문에 이들이 짜증나고 놀란 것은 당연했다. 그들은 이를 유혹이자 자신들의 선한 도덕에 대한 위협으로 보았다."⁽²⁹⁾

안타깝게도 많은 사람들이 바로 이와 같은 방식으로 "몸의 신학"에서 말하는 복음의 자유를 바라본다. 예를 들어, 많은 "종교적인" 사람들은 시스티나 성당의 인물화에서 허리에 두르는 천(과거 성직자들이 나체였던 미켈란젤로의 원본 위에 덧칠하라고 명령했던 샅바)을 제거하도록 한 요한 바오로 2세의 결정에 크게 분노했다. 요한 바오로 2세는 이를 기독교적 순결이라는 명목으로 결정했다! 복원된 천장화를 봉헌하는 강론에서 요한 바오로 2세는 시스티나 성당을 *"몸의 신학의 성소"*라고 선포했다. 그는 이렇게 덧붙였다. "미켈란젤로는 '아담과 그의 아내 두 사람이 벌거벗었으나 부끄러워하지 아니하니라'는 창세기의 감동적인 말씀의 인도를 받아 이를 자신만의 방식으로 드러낸 것 같습니다"(창 2:25).⁽³⁰⁾

그렇다면 음란물과 나체를 예술적으로 적절하게 묘사하는 것 사이의 차이점은 무엇일까? 차이점은 예술가의 의도에 있다. 음란물의 신체 묘사는 "사람의 몸 자체는 빼앗을 수 없는 고유한 존엄성을 언제나 지니기 때문에 그 대상 때문이 아니라, 몸을 예술적으로 재현해 내는 수준이나 방식 때문에" 반대를 불러 일으킨다.[31] 음란물은 바로 관객의 음욕을 불러일으키기 위해 노력하는 반면, (미켈란젤로와 같은) 진정한 예술가는 우리가 "사람의 전인격적인 신비"를 볼 수 있도록 도와준다. 벌거벗은 몸을 올바로 묘사한 것은 "'정결한 마음'에 부합하면서 순결의 기준을 제공하는 배필로서의 몸의 의미"를 우리에게 가르쳐 줄 수 있다.[32] 성숙한 순결을 경험하는 사람은 벌거벗은 몸을 하나님의 사랑의 계획을 드러내는 것으로 제대로 이해한다.

의심의 해석

의심하는 사람들은 "말도 안 돼! 벌거벗은 몸은 항상 욕망을 불러일으키는 걸."이라고 한다. 정욕에 지배되는 사람에게는 이것이 사실이다. 하지만 "어떤 사람에 대해 말하는 것인가? 정욕에 *지배되는* 사람에 대해 말하는 것인가, 아니면 그리스도에 의해 *구속된* 사람에 대해 말하는 것인가? 이것이 바로 그리스도의 구속의 *실체*이다. *그리스도께서 우리를 구속하셨다!* 이는 그가 우리에게 우리 존재의 모든 *진리*를 깨달을 수 있는 가능성을 주셨고, 정욕의 *지배*로부터 우리를 자유하게 하셨다는 것을 의미한다."[33]

우리는 단순히 벌거벗음을 음란과 정욕과 동일시할 수 없다. "벌거벗은 몸이 그 사람의 가치에 대해 부정적인 역할을 할 때, 그 목적이 [음욕]을 불러일으키는 것일 때" 음란은 분명히 존재한다. 그러나 "이것이 불가피한 것은 아니다."[34] "음욕을 품은 시선"만이 인간의 몸을 바라볼 수 있는 유일한 방법이라고 생각한다면, 우리는 요한 바오로 2세가 "의심의 해석"이라고 부르는 것에 동조하는 것이다. 의심에 따라 사는 사람들은 자신의 욕망에 갇혀서 다른 모든 사람도 동일하게 묶여 있을 거라 추정한다. 그들은 욕망의 렌즈를 통해 인간의 몸과 성적인 관계에 대해 생각하는 것 외에 다른 방법은 상상할 수 없다.

정욕 때문에 인간의 마음을 지속적이고 돌이킬 수 없는 의심의 상태에 두면, 스스로를 절망적이고 사랑이 없는 존재로 정죄하게 된다. 정신의 변화(*기풍*) 없이 규칙만 따르라고(*윤리*) 스스로를 정죄하는 것이다. 결국, 하나님의 율법을 단순히 지킬 수 없기 때문에 하나님의 율법을 버리게 된다. 이런 식으로 끝없이 의심한다면 우리는 복음의 능력으로부터 효과적으로 차단된다.

사도 바울의 경고처럼, 우리는 "경건의 모양은 있으나 경건의 능력은 부인하는" 함정을 피해야 한다(딤후 3:5). "구원은 진리이자 실재다. 구원의 이름으로 우리가 부르심을 받았으며, 그 '부르심은 힘이 있다'고 느껴야만 한다."[35] 예수님의 죽음과 부활은 정말 *힘이 있다*. 그것은 우리의 삶, 태도, 마음, 심지어 성적 욕망까지 변화시킬 수 있다. 그렇지 않다고 생각하는 것은 *십자가의 능력을 없애는 것이다*(고전 1:17 참고).

많은 것이 위태롭다. "인생의 의미는 '의심의' [해석]과는 정반대이다." 이 해석은 "매우 다르다. 산상 수훈의 *예수님의 말씀에서* 발견하는 *것과는 근본적으로 다른 해석이다*. 이 말씀은 인간의 가능성에 대한 또 다른 시각을...밝힌다."[36] 이러한 "인간의 가능성에 대한 또 다른 시각"을 활용하지 않으면, 예수님처럼 사랑할 수 없으며 삶의 의미로부터 단절된 상태로 남게 될 것이다.

성숙한 순결 속에서 성장하기

그렇다면 어떻게 "인간의 가능성에 대한 또 다른 시각"을 얻을 수 있을까? 어떻게 부정적인 의미의 순결에서 긍정적인 순결로 나아갈 수 있을까? "의지, 정서, 감정의 자제력을 꾸준히 가르치는 것으로 시작해야 한다. 이 교육은 가장 단순한 몸짓, 즉 비교적 쉽게 실천할 수 있는 내면의 결심부터 시작해야 한다."(37)

예를 들어, 식습관은 어떤가? 감자 칩도 참을 수 없다면 정욕에 빠지는 것을 어떻게 거절할 수 있을까? 성경적인 금식은 우리의 욕정을 다스리는 데 훌륭한 방법이다. 아직 금식이 생활화되지 않았다면 비교적 쉽게 실천할 수 있는 작은 것부터 시작해 보자. 이 "근육"을 계속 단련하다 보면 힘이 점점 세지는 것을 느낄 수 있을 것이다. 한때 불가능하다고 느껴졌던 일이 점차 가능해질 것이다.

하지만 이 근육의 비유는 절반만 맞다. 정결함을 성장시키려면 분명히 인간의 노력이 필요하지만, 초자연적인 은혜의 도움도 필요하다. 여기서 방종과 억압, 구속을 구분하는 것이 중요하다. 음욕이 불타오를 때 대부분의 사람들은 방종 아니면 억압, 이 두 가지 선택지만 있다고 생각한다. 이 두 가지가 유일한 선택지라면 어느 것이 더 "거룩해" 보일까? 억압일 것이다. 하지만 다른 방법도 있다! 음욕을 억압하여 무의식으로 밀어 넣거나 무시하거나 다른 방법으로 없애려고 하는 대신, 음욕을 그리스도에게 *내어드리고* 그분이 십자가에 못 박으시도록 해야 한다. 그렇게 할 때 주님의 영이 우리의 욕망에 새로운 형태를 부여한다. 욕망을 십자가에 못 박도록 내어드릴 때, 에로스에 대한 하나님의 본래 계획이 부활하는 것을 경험하게 된다. 매일 매일 십자가를 지고 따를 때 우리는 점진적으로 계속되는 다양한 (때로는 고통스러운) 정화를 거치며, 그 모든 과정을 통해 하나님의 형상대로 사랑하는 힘으로 성적 욕망을 경험하게 된다.

이러한 변화의 과정에는 단호한 의지뿐만 아니라 확고한 믿음도 필요하다. 우리의 마음을 변화시키고, "타이어를 다시 팽창시키고", "새 포도주"로 채우시는 분은 바로 성령님이시다. 믿음이란 인간의 마음이 하나님의 선물인 성령님께 열려 있는 상태이다.

정욕이 당신을 유혹하거나 압도할 때 다음과 같이 기도할 수 있다.

하나님, 저에게 성적 욕망을 선물로 주셔서 감사합니다.
이 정욕을 주님께 내어드리오니, 주님의 죽음과 부활의
능력으로 죄가 왜곡시킨 것을 바로잡아 주셔서 주님이
창조하신 성욕, 즉 주님의 형상 안에서 사랑할 수 있는
욕망을 경험하게 해 주시기를 간구합니다.

욕망의 죽음과 부활

정욕을 죽이고자 하는 결심을 굳게 하고자 양손을 쭉 뻗고 십자가 모양으로 위 기도를 드리는 것도 좋다. 여기서 요점은 우리 자신을 그리스도께 맡기고, "예수의 죽음을 몸에 짊어짐은 예수의 생명이 또한 우리 몸에 나타나게 하려 함"이다(고후 4:10).

정욕에 빠지지 *않기*로 결심하는 것은 매우 어려울 수 있으며, 때로는 정서적으로나 육체적으로 고통스러울 수 있다. 그리스도께서 우리를 자유롭게 하신 자유를 경험하는 사람은 거의 없다. 왜냐하면 이런 종류의 십자가의 고통을 맛보면, 부활로 이어지는 길을 계속 따르기보다는 "십자가에서 내려오기" 때문이다. 손에 못이 박히고 십자가의 짐이 너무 무거워 견딜 수 없을 것 같을 때, 계속 나아가자! 그 때가 바로 죽음에서 생명으로, 정욕에서 진정한 사랑으로 넘어가는 순간에 있는 것이다. 그리스도와 함께 기꺼이 죽어야 그분이 주시는 부활의 삶도 살 수 있다.

C. S. 루이스는 『천국과 지옥의 이혼』(홍성사 역간)의 마지막 부분에서 이 죽음과 부활의 강력한 이미지를 전달한다. 천국에 들어가기 전 인간의 영혼은 어깨에 앉은 붉은 도마뱀으로 상징되는 정욕의 악과 싸워야 한다. 영원한 문을 지키는 불의 천사가 도마뱀을 죽여도 되는지 물었을 때, 오늘은 안 된다, 차근차근 하는 것이 좋겠다, 너무 아플 것이다, 잘못하면 내가 죽을지 모른다, 다른 의사에게 의견을 구하자며 그 영혼이 늘어놓은 갖가지 변명에 우리도 공감할 수 있다. 여러 가지 대안을 놓고 고민하던 그 영혼은 악과 함께 사는 것보다 차라리 죽는 것이 낫다는 것을 깨닫고 마침내 도마뱀을 죽여도 된다고 허락한다. 불의 천사는 즉시 도마뱀을 잡고 등을 비틀어 목을 부러뜨린 다음 땅바닥에 던져 버린다.

도마뱀이 죽자마자 그 영혼은 부활한 사람처럼 빛나는 육체를 갖게 되고 "액체처럼" 순수한 사랑이 흘러나온다. 하지만 이게 끝이 아니다. 도마뱀도 부활하여 금빛 꼬리와 갈기를 가진 커다란 흰색 종마로 변모한다. 천국 문이 열리고, 부활한 사람은 그 말에 올라타고, 구속된 에로스가 그를 영원한 생명의 "불가능해 보이는 가파른 언덕"을 오를 수 있게 해 준다.

"종마에 비교할 때 도마뱀이 어떻게 보이는가?" 루이스가 묻는다. "정욕도 그 도마뱀처럼 초라하고 약하며 칭얼거리고 속살거리는 것에 불과하다네. 그러나 일단 죽고 나면 저렇게 풍요롭고 힘이 넘치는 갈망으로 새로 솟아나지."[38]

정욕은 죽었다. 어쩌면 우리가 패스트푸드의 유일한 대안이 굶는 것밖에 없다고 확신하기 때문에 음욕에 집착하는 것일 수도 있다. 하지만 하나님께서 우리를 위해 잔치를 준비하셨고, 그 잔치가 에로스의 깊은 외침을 충족시키는 상상을 초월할 정도의 영원한 혼인 잔치라면, 정욕에 대해 죽는다는 것은 *아무것도 잃지 않고 모든 것을 얻는다*는 것을 의미하고, 정욕에 집착한다는 것은 *아무것도 얻지 못하고 모든 것을 잃는다*는 것을 의미한다. 이것은 우리의 선택에 달려 있다.

하나님, 주님을 선택할 수 있는 은혜를 허락하소서!

내적 동요의 분별

아직도 이 점이 충분히 명확하지 않다면, 요한 바오로 2세의 도움을 받아 설명하고자 하는 순결에 대한 긍정적인 접근 방식이 선을 넘어도 된다는 면허를 제공하는 게 아니라는 점을 강조하고 싶다. 이 책의 내용을 가져다 정욕에 빠진 구실로 삼는 사람은 순결을 추구하는 것이 아니다. 정직한 사람은 자신의 한계를 안다. 그런 사람은 어떤 상황에서 실족할 수 있는지 알고 우리를 향한 예수님의 심각한 명령에 따라 그 상황을 피한다. "만일 네 오른 눈이 너로 실족하게 하거든 빼어 내버리라…또한 만일 네 오른손이 너로 실족하게 하거든 찍어 내버리라"(마 5:29-30). 이를 현대적으로 적용해 보자. "만일 스마트폰이 죄를 짓게 한다면 갖다 버려라. 노트북이 죄를 짓게 한다면 그것을 버려라."

때로 사랑과 정욕을 구별하기 어려운 것은 사실이다. 예를 들어, 한 남성이 어떤 여성의 아름다움을 알아본 순간, 그녀를 자신의 만족을 위한 대상으로 바라보는 것과, 하나님의 형상대로 지음 받은 사람으로서 그녀의 아름다움을 감탄하며 올바르게 바라보는 것 사이의 경계가 어디인지 궁금할 수 있다. 경험에서도 알 수 있듯, 정욕은 "항상 명확하고 분명하지 않으며, 때로는 숨어서 자칭 '사랑'이라 부르기도 한다…그렇다면 인간의 마음을 믿어선 안 될까? 아니다!" 요한 바오로 2세는 이렇게 주장한다. "그저 반드시 그것을 통제해야 한다고 말하는 것이다."[39]

여기서 통제란 억누르기 위해 제어하기 어려운 욕망을 단순히 압도적으로 지배하는 것이 아니다. 이는 부정적인 한 측면일 뿐이다. 성숙해질수록 자제력은 "[성적인] 반응을 그 내용과 성격에 대해 바르게 적응하는 능력"으로 경험하게 된다."[40] 진정 자신을 잘 통제하는 사람은 에로스를 "진실되고 선하고 아름다운 것으로 향하게 하여 '에로틱한 것'도 진실되고 선하고 아름답게 만들 수 있다."[41] 이렇게 함으로써 성의 신비를 "지금까지 전혀 알지 못했던 깊이와 단순함, 아름다움"으로 이해하고 경험하게 된다."[42]

이 지점에 도달하기 위해서는 꾸준하고 일관성 있게 우리 몸과 성의 의미를 배워야 한다. 요한 바오로 2세는 이를 추상적으로만 배워서는 안 되지만, 그 또한 필요하다고 한다. 더 나아가 우리 마음의 내면적 반응으로도 성의 진정한 의미를 배워야만 한다. 우리 내면의 삶을 깊이 알아야 하는 문제이기 때문에 책만 가지고는 진정으로 배울 수 없는 "과학"이다. 마음 속 깊은 곳에서 한편으로는 성과 성적인 매력을 매우 풍성하게 가다듬는 것과, 다른 한편으로는 음욕의 표시로만 나타나는 것을 서로 분별하는 법을 배운다. 이러한 내적 동요는 때로 혼동될 수 있다. 그리스도께서는 성숙하고 완전한 분별력을 습득하라고 우리를 부르셨다. "이 일은 수행될 수 있고, 인간에게 진정 가치있는 일이라는 점을 덧붙여야겠다."[43]

순결을 위한 기도로 이 장을 마무리하고자 한다.

하나님, 제 내면의 동요를 분별할 수 있도록 도와주세요. 주님께서 창조하신 놀랍도록 풍성한 성과 왜곡된 정욕을 구별할 수 있도록 도와주세요. 주님, 제 모든 정욕으로부터 온전히 정결하게 하는 여정으로 저를 인도해 주세요. 주님, 그것들을 모두 가져가 주세요. 그것들을 십자가에 못 박으사 주님이 계획하셨던 본래의 성적 욕망이 부활하는 것을 체험하게 하소서. 제가 주님을 볼 수 있도록 정결한 마음을 주세요. 아멘.

Chapter 04

천국에도 성관계가 있을까?

구속 이야기의 절정은
어린 양의 혼인 잔치이다(계 19:9-10).
역사가 에덴동산의 혼인 예식에서 시작되어
새 예루살렘에서의 혼인 예식으로 끝나기 때문에
성경의 이야기는 혼인에서 혼인으로,
현세적 상징에서 영원한 현실로 이어진다.

데니스 킨로(Denniss Kinlaw)

필자의 배낭여행의 마지막 여정으로 독자들을 초대하고자 한다. 며칠 동안 23킬로그램 가까운 짐을 지고 숲 속을 헤집고 다녔다. 비바람을 뚫고 텐트에서 제대로 쉬지 못하고 밤을 보내느라 몸이 많이 지쳤다. 방울뱀 몇 마리를 아슬아슬하게 피하기도 했다. 며칠 전에는 돌부리에 미끄러져 정강이가 긁혔다. 왼쪽 다리를 구부릴 때마다 무릎 관절의 날카로운 통증이 심해졌고, 발을 디딜 때마다 물집이 생긴 부위가 아파서 아물려면 일주일은 걸릴 것 같다는 생각이 들었다. 하지만 이제 거의 다 왔고, 확실히 곧 도착하리란 희망 덕택에 한 걸음씩 힘겹게 나아갈 수 있었다. 곧 완주의 기쁨을 누릴 것이다. *난 할 수 있어. 거의 다 왔다고. 계속 나아가자...*

인생의 여정이 고통스럽고 힘들더라도 그 여정이 완주의 노력을 정당화할 만큼 영광스러운 목표를 향해 있다는 것을 알게 된다면, 그 여정을 끝까지 해낼 수 있고 심지어 열렬히 받아들일 수도 있다. 사람 되는 게 쉽지 않다. 우리의 종착지를 향한 여정도 쉽지 않다. 하지만 그리스도는 우리에게 영광스러운 목표에 대한 확신을 주신다. 현재의 여정은 장차 우리에게 나타날 영광과 비교할 수 *없다*는 확신도 주신다(롬 8:18 참고).

바울은 모든 피조물, 즉 온 우주와 그 안에 포함된 모든 것이 "피조물도 썩어짐의 종 노릇 한 데서 해방"(롬 8:19, 21)될 것이기 때문에 이 영광이 드러나기를 "고대하며" 기다리고 있다고 한다. 사실 우리는 "피조물이 다 이제까지 함께 탄식하며 함께 고통을 겪고" 있으며 "우리까지도 속으로 탄식하여..." *무언가*를 기다린다는 것을 안다(롬 8:22-23). 우리가 기다리는 게 대체 무얼까? 우리는 무엇을 향한 여정에 있을까? 이 영광은 *무엇일까*? 바울이 (세초부터 세말까지) 이 영광과 인간의 모든 고통을 "비교할 수 없다"고 말할 수 있다면 도대체 이 영광은 얼마나 위대할까?

우리(와 온 우주)가 기다리고 갈망하며 탄식하면서 산고를 겪는 이 "모든 것", 즉 이 영광을 바울은 "우리 몸의 속량"(롬 8:23)이라고 했다. 우리를 구해 주는 것은 바로 *우리 몸*이 속량될 것이란 소망이며(롬 8:24 참고), 이 소망은 고된 여정 속에서도 우리가 *계속 나아갈 수 있는* 이유가 된다.

이번 장은 우리 몸이 영광 속에서 부활하여 영혼과 다시 연합하고,

하나님의 초청에 화답하여 영원한 혼인 잔치에 참여하는 속량이 궁극적으로 실현되는 상황에서 우리를 기다리는 영광을 최대한 묘사해 보고자 한다. 바울의 말처럼, 우리의 목표는 우리 마음의 눈이 밝아져서 "그 기업의 영광의 풍성함"을 향한 우리의 부르심의 소망과 우리 안에서 역사하시는 "비교할 수 없이 크신 그의 능력"이 무엇인지 알게 되는 것이다(엡 1:18-19).

그리스도의 핵심이 되는 세 번째 말씀

"때가 차매"(갈 4:4) 그리스도는 역사 속으로 들어오셨다. 이런 의미에서 그리스도가 말씀처럼 육신을 입은 하나님이라면, 그리스도가 이 땅에서 보낸 2천 년 전의 시간은 인류 역사 최고의 중심점이다. 그 중심점에서 그리스도는 양 방향으로 회전하시며 우리가 진정 누구인지 보여주시기 원하셨다. 역사를 통해 볼 때 남자와 여자는 인간의 *기원*과 *운명*이라는 양극 사이의 긴장 속에서 살아왔다. 바로 이 긴장 관계 속에서 그리스도는 진정한 자아를 찾으라고 우리를 부르신다.

그리스도는 마태복음 19장에서 바리새인들과 결혼에 대해 논할 때에는 *기원*을 향하도록, 마태복음 22장에서 사두개인들과 결혼에 대해 논할 때에는 *종말*을 향하도록 그 방향을 바꾸셨다. 전자에서 그리스도는 범죄 *이전*의 남녀 관계를 가리키셨다. 후자에서는 죄를 *극복한* 남녀 관계를 가리키셨다. 바람이 빠진 타이어의 이미지를 다시 떠올린다면, 우리의 운명을 마치 공기가 완전히 주입된 원래 상태로 돌아가는 것 정도로만 이해할 수는 없다. 우리의 운명은 모든 이해와 설명을 초월하는 인간의 삶, 사랑, 성에 대한 완전히 새로운 *차원*을 소개한다. 타이어는 *비상*하게 될 것이다.

그리스도는 "부활 때에는 장가도 아니 가고 시집도 아니 가고"(마 22:30)라고 말씀하시면서 완전히 새로운 인간 존재의 차원을 드러내셨다. 이 말씀은 요한 바오로 2세가 "인간의 총체적 비전"을 발견하기 위해 살펴본 그리스도의 핵심이 되는 세 가지 말씀 중 마지막이다. 먼저 "부활 때"라는 표현을 살펴본 다음, 결혼을 하지 않는다는 것이 무엇을 의미하는지 살펴보고자 한다.

몸으로 경험하는 천국

N. T. 라이트는 육체에서 분리된 "천국"에 대한 개념을 비판하며, 이러한 신념이 많은 기독교인들에게 수용되고 있다고 주장한다. 라이트에 따르면, 이들은 "우리는 몸이 다시 사는 것을 믿습니다"라는 사도신경의 오랜 고백을 위험할 정도로 무시하는 것이다."[1]

이렇게 천국을 육체가 없는 곳으로 보는 관점을 따라 많은 기독교인은 육체를 벗어던지고 싶어하거나 육체를 죽음으로써 해방시킬 수 있는 껍데기 또는 감옥으로 보는 경향이 있다. 이것은 성경적인 관점이 아니다. 오히려 플라톤 철학에서 비롯된 이 관점이 많은 기독교인의 정신에 스며든 것이다. 요한 바오로 2세는 인간의 운명에 대한 진리는 "몸에서 분리된(플라톤에 따르면 해방된) 영혼의 상태로만 이해될 수 없다"고 한다. 그 대신 성경은 사후 세계를 "영혼과 육체의 완전한 결합으로 이루어진 *궁극적이고 완전하게 '통합된' 인간의 상태*로 이해해야 한다"고 가르친다.[2]

부활한 상태에서 우리의 몸은 분명히 달라지겠지만 여전히 우리는 몸을 갖게 될 것이다! 제자들이 부활하신 예수님을 알아보지 못했다는 사실을 기억하자(눅 24:15-16 참고). "우리의 시민권은 하늘에 있는지라 거기로부터 구원하는 자 곧 주 예수 그리스도를 기다리노니…우리의 낮은 몸을 자기 영광의 몸의 형체와 같이 변하게 하시리라"(빌 3:20-21).

물론 우리는 종종 천국에 있는 영혼에 대해 이야기한다. 필자는 장모님의 장례를 치를 때 장모님의 육신이 땅에 묻히는 것을 보았고, 장모님의 영혼이 지금 어떤 형태로든 하나님과 연합하고 있다고 확신한다. "현재"는 시간에 얽매인 단어로 천국에서는 적용되지 않지만, 현재 천국에 있는 영혼은 육체가 부활할 때까지 인간적이지 않은 상태에 머물러 있다. 장모님의 몸은 이제 흙으로 돌아가고 있으며, 우리의 모든 몸도 그렇게 될 것이다. 그러나 하나님께서 태초에 흙에 생명을 불어넣으실 수 있으셨다면, 세상의 마지막날에도 분명히 다시 그렇게 하실 수 있다.

몸과 영혼의 완전한 재결합은 인간에게 유일한 소망이다. 왜냐하면 몸과 영혼이 결합된 존재가 곧 인간이기 때문이다. 죽음으로 이 둘이 분리되는 것은 완전히 부자연스러운 일이다. 피터 크리프트(Peter Kreeft)는 "몸이 없는 영혼은 플라톤의 생각과는 정반대이다. 그 영혼은 자유롭지 않고 속박되어 있다…그 결과 몸의 부활은…없어도 되는 부가적인 것이 아니다. 죽음이 몸과 영혼을 분리할 때 우리는 기형, 괴물, 터무니 없는 존재가 된다. 이것이 바로 유령과 시체가 아무런 해를 미치지 않지만 이것들을 두려워하는 이유이다. 이것들은 원래는 하나였지만 터무니없게 분리된 것일 뿐이다."[3]

신령한 몸

바울은 몸의 부활을 의심하는 고린도 성도들에게 이렇게 말했다.

"누가 묻기를 죽은 자들이 어떻게 다시 살아나며 어떠한 몸으로 오느냐 하리니", "몸은…썩지 아니할 것으로 다시 살아나며…영광스러운 것으로 다시 살아나며…강한 것으로 다시 살아나며…신령한 몸으로 다시 살아나나니…이 썩을 것이 반드시 썩지 아니할 것을 입겠고 이 죽을 것이 죽지 아니함을 입으리로다"(고전 15:35, 42-44, 53).

(우리는 몸과 영혼을 분리하려는 끝없는 유혹을 자주 느끼기 때문에) 이 개념이 이상하게 들릴 수 있지만, 바울에게는 몸과 영혼이 모두 영적인 존재가 될 수 있다. 몸이 영적으로 된다는 것은 "*영의 권능이 육체의 에너지에 스며드는 것*"을 의미한다.[4]

우리 몸에 스며드는 영은 피조물인 우리 자신의 영뿐만 아니라 피조물이 아닌 거룩한 성령이기 때문에, 요한 바오로 2세는 몸을 거룩하게 하는 몸의 "성화"(divinization)에 대해서도 이야기한다. 그리스도의 몸이 삼위일체의 생명으로 승천하신 본을 따라 마지막 때에 우리의 몸과 영혼이 하나님의 영원한 생명에 참여하게 될 것이다. 우리의 인간 본성인 몸과 영혼은 "신의 성품"에 참여할 것이다(벧후 1:4).

앞서 하나님의 가장 내밀한 비밀에 대해 이야기한 것을 기억하자. 하나님 자신은 성부, 성자, 성령의 영원한 *인격적인 연합*이며, 그분은 우리가 그 영원한 지복에 참여하도록 예정하셨다. 이것이 바로 우리 몸의 영화(spiritualization)와 성화(divinization)를 의미한다. 우리는 피조물로 할 수 있는 한 몸과 영혼으로 하나님의 영원한 사랑을 나누는 일에 참여하게 될 것이다. 그리고 이 "심오한 비밀"은 본래 남자와 여자가 한 몸으로 연합하며 사랑을 나누는 것을 통해 예표되어 있다.

많은 사람들이 천국에도 성관계(sex)가 있는지 묻는다. 이것은 우리가 이 용어의 의미를 어떻게 정의하느냐에 달려 있다. 성(sex)이란 사람들이 *하는 것*이 아니다. 남자와 여자로 존재하는 *인간이란 무엇인가*를 알려주는 것이다. 진정한 인간성 중 그 어느 것도 부활할 때 사라지지 않는다. 이런 의미에서라면 그렇다. 우리가 온전히 남성적이고 여성적인 존재가 되는 만큼 천국에도 성이 있을 것이다. 그러나 부활에 관한 그리스도의 말씀에서 알 수 있듯이, 지금 우리가 알고 있는 남녀의 연합은 *지극히 더 큰 연합*으로 대체될 것이다. 영광 가운데서 부활한 사람들은 지상에서의 성적인 결합보다 훨씬 더 뛰어난 지복을 경험하게 될 것이며, 우리의 작은 두뇌로는 그 지복을 헤아릴 수조차 없을 것이다. 눈으로 보지 못하고 귀로 듣지 못하고 마음으로 생각하지 못한 것을 하나님이 자기를 사랑하는 자들을 위하여 예비하셨다(고전 2:9 참고).

릭 워렌 목사는 다음과 같이 말했다. "하나님께서 사람들을 천국으로 인도하시기 위해 성관계를 택하셔서 사람들을 이 세상에 데려오셨다는 사실은 항상 놀라운 일이다. 예수님은 우리에게 천국에는 성관계가 없을 것이라고 말씀하셨다는 것을 생각해 보자. 하지만 이 땅에서 성관계가 없다면 천국에 갈 사람들이 존재하지 않게 될 것이다."[5]

궁극적인 "혼인"을 알려주시는 그리스도

언뜻 보기에 부활 때에는 장가도 아니 가고 시집도 아니 가리라는 그리스도의 주장은 지금까지 논의한 위대한 혼인의 사랑과 성적 결합에 대한 모든 주장을 약화시키는 것처럼 보일 수 있다. 하지만 더 자세히 살펴보면, 이 말씀은 우리가 언급한 모든 것의 최고의 영광을 가리킨다. 결혼은 처음부터 어린양의 혼인(계 19:7 참고), 그리스도와 교회의 연합(엡 5:31-32 참고)을 가리키기 위해 존재한다.

성경 학자 데니스 킨로의 말처럼, 성경에서 "'남편을 위하여 단장'한 신부처럼 준비된 '새 예루살렘'이 하늘에서 내려오는 것을 이야기할 때 (계 21:2)...인간의 이야기는 혼인으로 시작하여 혼인으로 끝을 맺는다. 에덴동산의 혼인과 인류 역사의 다른 모든 혼인은...성부 하나님께서 성자를 신부에게 주시는 천상의 혼인으로 끝나는 것을 예표했다." 즉, 결혼은 "피조물인 인간에게 인류 역사의 진정한 의미를 가르치시기 위해" 하나님께서 고안하신 것이다.⁽⁶⁾

인류 역사의 진정한 의미는 무엇일까? 바로 *하나님*과의 혼인이다. 하나님의 아들과 영원히 혼인하여 그분 안에서 발견되는 사랑의 영원한 교제에 참여하는 것이 *우리가 존재하는 이유이다*. 이것이 이 생애에서 끊임없이 내면의 *아픔*을 느끼는 이유이다. 우리가 찾는 *그 무언가*는 바로 하나님과 하나가 되는 영원한 지복이다. 남녀의 결합은 거룩한 계획 안에서 아름답고 경이로운 것이지만, 그것은 하나님과의 영원한 연합의 희미한 빛, 시간 속에 갇혀 있는 희미한 그림자에 불과하다. 부활의 때, 원래 예표였던 것은 거룩한 실체에게 자리를 내어주게 될 것이다. 다시 말해, 하나님께서 천국에 대한 예표로 남녀의 결합을 만드셨다면, 그리스도께서 부활 후 우리가 더 이상 결혼하지 않아도 된다고 말씀하신 것은 "너희들이 천국에 있을 때에는 천국을 *가리키*는 예표가 더 이상 필요하지 않단다. 너희들은 *이미* 그곳에 *있기* 때문이다. 궁극적인 연합은 이루어졌다"를 의미하신 것이다.

사람들은 종종 "이 말씀은 천국에서 제 배우자와 함께 있지 않는다는 뜻인가요?"라고 묻는다. 두 사람 모두 하나님의 혼인 잔치로의 초대에 응한다면, 그들은 분명히 함께 있을 것이다. 초대에 응하는 모든 사람은 이 땅에서의 결혼과 가정 생활에서 선하고 진실되고 아름다운 모든 것을 넘쳐나게 채우는 교제 속에서 함께 살 것이다. 우리가 이해해야 할 것은 남녀의 연합이 우리의 전부이자 끝이 아니라는 것이다. 결혼은 무한히 더 큰 무언가를 상징하는 하나의 예표일 뿐이다. 즉, 결혼은 성의 가장 심오한 의미를 명확하게 표현하지 못한다. 그것은 단지 역사 속에서의 의미를 구체적으로 표현해 주는 것일 뿐이다. 역사의 마지막 날, 성에 대한 "역사적" 표현은 생명을 내어주는 연합으로 부르심을 완전히 새로이 표현하는 것으로 대체될 것이다.

상징과 우상

우리가 무한히 더 큰 연합을 망각하게 된다면, 필연적으로 상징을 우상으로 여기게 된다. 즉, 천국의 기쁨을 잃어버리면, 성적 결합과 그 기쁨을 궁극적인 만족으로 여기는 경향이 있다. 이것이 우리가 사는 세상이다.

하지만, 우리 사회가 성에 우상 숭배처럼 집착하는 데에는 중요한 진리가 있다. 모든 거짓 신 뒤에는 참된 신에 대한 왜곡된 열망이 있다. 우리가 사는 세상과 우리 마음속에 만연한 성적인 혼란은 사실 천국에 대한 인간의 광기 어린 욕망이다. 왜곡된 것들을 바르게 풀면 우리는 거룩한 계획 속에서 성의 놀라운 영광을 발견하게 된다. "그러므로...그 둘이 한 몸이 될지니라"(마 19:5; 창 2:24 참고). 무슨 이유로 이것이 가능할까? 그리스도와 교회의 영원한 연합을 드러내고, 선포하며, 예고하기 위해서이다(엡 5:31-32 참고).

"죄"는 "표적을 놓친다"는 뜻의 궁수가 사용하는 용어이다. "운명"이라는 단어도 마찬가지이다. "조준하다"라는 뜻이다. 우리가 죄를 지을 때, 실제로는 좋은 것을 겨냥하고 있지만 과녁을 놓치는 것이다. 그 목표가 천국이라면, 우리가 정말 놓치고 싶지 않은 표적을 놓치게 되는 것이다!

이렇게 표현할 수 있다. 하나님은 에로스를 로켓의 연료로 주셨고, 이 로켓은 우리를 별과 무한대와 그 너머를 향해 쏘아 올리기 위한 것이다. 그런데 그 로켓의 엔진이 뒤집혀서 더 이상 별을 향하지 않고 우리 자신을 향하게 된다면 어떻게 될까? 그 로켓을 발사하면 엄청난 폭발로 자멸할 것이다. 여기서 우리는 부활한 새로운 몸과 성에 대한 예수님의 말씀의 중요성을 발견하게 된다. 그 말씀은 우리를 만족시킬 수 있는 유일한 연합에 초점을 맞추도록 도와준다. 이 말씀의 힘을 마음속에 받아들이면, 그것들은 로켓의 엔진이 별을 향하도록 한다. 그 결과, 우상은 상징물에 불과한 상태로 돌아가게 된다.

이것이 바로 욕망의 속량이다. 우리가 목표를 자주 놓친다고 낙담할 필요는 없다. 여기서 우리는 욕망 자체가 변형되고 방향이 바뀔 수 있다는 사실을 절대로 잊어서는 안 된다. 이와 관련하여 우리 모두에게 필요한 정화란, 에로스를 질식시키는 것이 아니라 그것이 진정한 높이에 도달하도록 하는 것이다. 욕망을 줄이는 것이 아니라 오히려 별을 향해 높이, 더욱 높이 향하게 하는 것이다! 이를 C. S. 루이스는 다음과 같이 표현했다.

실제로 복음서에서 약속된 보상에 대한 부끄러움 없는 약속과 그 엄청난 보상의 성격을 생각해 보면, 우리 주님은 우리의 욕망이 너무 강하지 않고 너무 약하다고 생각하시는 것 같습니다. 우리는 무한한 기쁨을 준다고 해도 술과 섹스와 야망에만 집착하는 냉담한 피조물들입니다. 마치 바닷가에서 휴일을 보내자고 말해도 그게 무슨 뜻인지 상상하지 못해서 그저 빈민가 한 구석에서 진흙 파이나 만들며 놀고 싶어하는 철없는 아이와 같

습니다. 우리는 너무 쉽게 만족합니다.[7]

에로스가 "별"을 향할 때만 결혼은 교회를 향한 그리스도의 사랑의 표적이자 예표로서 진정한 의미를 지니게 된다. 우리가 올바르게 살아갈 때 결혼은 이 땅에서 천국을 맛보게 해준다. 그러나 천국이 임할 때 표적과 예표는 현실이 된다. 천국에서는 결혼이 *사라지기* 때문이 아니라 어린 양의 혼인으로 영원히 *완성될* 것이기 때문에 결혼이 없을 것이다. 이것은 슬픔을 불러일으키는 것이 아니라 기쁨을 불러일으켜야 한다. 사랑과 연합에 대한 인간의 모든 갈망과 마음의 소망은 우리의 최고의 꿈을 넘어 성취될 것이다. 그 깊은 고독의 갈망은 마침내 완전하고 영원히 충족될 것이다.

아무리 훌륭한 결혼 생활도 사랑과 연합에 대한 우리의 갈망을 완전히 충족시키지 못한다는 것을 우리는 경험으로 증명할 수 있다. 우리는 여전히 더 많은 것을 갈망한다. 필자는 아내인 웬디를 어떤 말로도 표현할 수 없을 만큼 사랑하지만, 아내도 필자를 궁극적으로 충족시킬 수 없다는 것을 그녀도 이해할 것이다. 무게를 견디지 못하는 고리에 모자를 걸어서는 안 된다! 다른 인간을 궁극적인 만족의 대상으로 삼으면 우리는 그 사람을 짓밟고 말 것이다. 오직 천국에서의 영원하고 황홀한 결혼만이 고독한 인간의 갈망을 충족시킬 수 있다.

천국을 기대하며

영원한 평화와 행복에 대한 우리의 열망이 오직 하나님의 왕국을 향하게 하는 것은 결혼과 독신에 관해 자주 인용되고 오해도 많이 받는 고린도전서 7장의 바울의 가르침의 내적 논리에서 중요한 부분을 차지한다. 바울은 결혼한 사람은 마치 결혼하지 않은 사람처럼 살아야 하고, 결혼하지 않은 사람은 바울처럼 독신으로 남아야 한다고 제안했다. 팀 켈러는 다음과 같이 바울의 내적 논리를 잘 요약한다. "결혼했다고 지나치게 기뻐하거나, 결혼하지 않았다고 지나치게 실망해서는 안 된다. 그리스도만이 우리를 진정 만족시킬 수 있는 유일한 배우자이며, 하나님의 가족만이 우리를 진정 받아들이고 만족시킬 수 있는 유일한 가족이기 때문이다." 성경의 "결혼에 대한 숭고한 관점은…우리 영혼이 필요로 하는 진정한 결혼과 우리 마음이 원하는 진정한 가족을 나타낸다. 세상의 어떤 결혼도 우리가 가장 갈망하고 진정으로 필요한 것을 줄 수 없다."[8]

인간으로서 느끼는 깊은 갈망이 오직 영원한 왕국에서만 충족될 수 있다는 사실을 깨달을수록, 기혼이든 독신이든 상관없이 부담이 사라지는 것을 깨닫게 된다. 배우자를 완벽하게 만족시켜야 한다는 기혼자들의 부담감이 사라진다. (당신이 완벽한 배우자가 아닌 것을 당신의 배우자는 이미 알고 있다!) 독신자들은 행복해지기 위해 "특별한 사람"을 찾아야 한다는 부담에서 벗어날 수 있다. 우리가 찾는 행복은 그리스도와 교회의 혼인 안에서만 찾을 수 있으며, 그것은 이미 우리에게 제공된 것이다. 사실, 그리스도는 지금 이 순간에도 천국의 혼인에 온전히 자신을 바치도록 일부 남성과 여성에게는 독신으로 머물라고 명시적으로 부르신다.

"어머니의 태로부터 된 고자도 있고 사람이 만든 고자도 있고 천국을 위하여 스스로 된 고자도 있도다"(마 19:12). 고자는 육체적으로 성관계를 할 수 없는 사람이다. 그러나 천국을 위하여 스스로 된 고자란 성관계를 기꺼이 포기함으로써 성관계가 가리키는 궁극적인 실체, 즉 그리스도와 교회의 영원한 연합을 미리 보여주는 사람이다. 이런 식으로, 독신은 자신의 성을 거부하는 것이 아니라, 우리를 하나님과의 연합으로 인도하는 성의 궁극적인 목적과 의미를 세상에 보여 준다.

배필로서의 몸의 의미는 인간이 다른 사람을 "위하여" 선물로 창조되었음을 드러낸다. 위에 인용된 예수님의 말씀에서 혼인의 근거를 나타내는 "위하여"는, 천국을 "위하여" 독신으로 남는 근거를 나타낼 수 있음을 보여 준다. 모든 사람은 하나님과의 영원한 연합을 위하여 자신을 준비하도록 부름 받았다. 독신인 그리스도인은 "하나님 그분과 결혼하기 위하여 자기를 내어주는 사람으로서, 하나님과의 영원한 연합을 명확히 고대하면서 그 길을 가리킨다."[9]

물론 천국의 결혼을 준비하는 일반적인 방법은 지상의 결혼을 통해서이다. 하지만 어떤 사람들은 지상의 결혼을 "건너뛰고" 곧바로 천국의 현실로 나아갈 수 있는 특별한 은혜를 받았다. 예수님은 "이 말을 받을 만한 자는 받을지어다"(마 19:12)라고 말씀하신다. 바울이 고린도 교인들에게 "나와 같이 그냥 지내는 것이 좋으니라"(고전 7:8)라고 말한 것도 이러한 맥락에서이다.

매튜 리 앤더슨은 다음과 같이 정확히 보았다. "하나님 나라를 위한 평생 독신으로의 소명, 혹은 부르심이 결혼의 중요성을 축소하지 않는다. 각 소명은 우리 세상의 다양한 측면을 증거한다. 올리버 오도노반(Oliver O'Donovan)은 이렇게 말한다. '[신약 교회는] 결혼과 독신을 각각 가치 있는 삶의 형태인 서로 대안이 되는 소명으로 생각했고, 이 둘이 함께 기독교의 증인 전체를 구성한다...하나는 하나님이 창조 질서의 정당성을 입증하셨다고 선언하며, 다른 하나는 그 질서 너머 종말에 있을 변화를 가리킨다.' 즉, 혼인은 창세기를, 독신은 요한계시록을 가

리킨다."⁽¹⁰⁾

　천국을 위하여 독신이 된 것에 대한 명확하지만 종종 간과되는 이 성경의 진리는 스스로 선택한 게 아니라 여러 이유로 결혼을 할 수 없어 독신이 된 사람들에게도 큰 위로가 될 수 있다. 이 곤란을 믿음으로 받아들이는 것은 "하나님과 연합하여 영광스럽게 될 몸의 절대적이고 영원한 배필로서의 의미가 드러날" 때 부활의 *산 소망*을 일깨우는 계기가 될 수 있다.⁽¹¹⁾ "그 때에 네가 보고 기쁜 빛을 내며 네 마음이 놀라고 또 화창하리니"(사 60:5). 그들이 다시는 주리지도 아니하며 목마르지도 아니하고 해나 아무 뜨거운 기운에 상하지도 아니하리니 이는 보좌 가운데에 계신 어린 양이 그들의 목자가 되사 생명수 샘으로 인도하시고 하나님께서 그들의 눈에서 모든 눈물을 씻어 주실 것임이라(계 7:16~17 참고). 지금 우리는 이 모든 것을 소망하지만 희미하게 볼 뿐이다. "우리가 지금은 거울로 보는 것 같이 희미하나 그 때에는 얼굴과 얼굴을 대하여 볼 것이요 지금은 내가 부분적으로 아나 그 때에는 주께서 나를 아신 것 같이 내가 온전히 알리라"(고전 13:12).

하나님의 비전: 하나님의 아름다움에의 참여

　C. S. 루이스가 통찰력 있게 표현했듯이, "아무리 풍족하게 주어져도 우리가 아름다움을 그저 보고만 싶어하지 않는다는 것을 하나님은 알고 계신다. 우리는 말로 표현할 수 없는 다른 것을 원한다. 우리가 보는 아름다움과 하나가 되고, 그 안으로 들어가서 그 아름다움을 우리 자신으로 받아들이고, 아름다움에 잠겨 그 아름다움의 일부가 되기를 원한다."⁽¹²⁾ 이것은 "하나님을 대면하는 것"에는 어떤 것이 수반되는지를 느끼게 해 준다. 즉, 우리는 하나님의 아름다움을 가장 심오한 성경적

의미로 *알게* 될 것이며, 그것은 그 하나님의 영광을 보는 모든 사람을 끝없는 황홀감으로 가득 채울 것이다.

남자와 여자가 서로를 최초로 대면했을 때의 모습을 떠올려 보자. 이것은 천국에서 우리를 기다리는 사랑의 비전을 희미하게나마 예시한다. 죄가 있기 전, 남자와 여자는 벌거벗었으나 부끄러워하지 않았다. 그 이유는 그들의 시선이 온전한 사랑으로 가득했기 때문이다. 남자와 여자는 벌거벗은 인간의 완전한 진실 안에서 서로를 사랑하고 받아들였기 때문에 완전히 "보여지는 것"에 대한 두려움이 없었다. 그들이 서로를 바라보는 눈은 서로 깊이 인격적으로 "알고 있는 것"을 표현했다. 그들은 서로의 인간성에 순수하게 선한 마음으로 참여했다.

요한 바오로 2세는 천국의 영원한 비전은 "하나님을 아는 지식과…하나님에 대한 사랑이 집중되는 것"이라고 썼다. 이 지식은 "하나님의 내적인 생명, 즉 삼위일체의 실재 그 자체에 온전히 참여하지 않고서는 아무 것도 알 수 없다."[13] 부활 때 우리는 하나님을 *알고*, 그분도 우리를 *아실 것*이다(물론 하나님은 우리를 이미 알고 계신다). 우리는 피조물이 할 수 있는 한 온전히 하나님의 신성에 참여할 것이며, 그분은 우리의 인성에 온전히 참여하실 것이다(물론 성육신으로 인간의 본성을 취하셨기 때문에 이미 그렇게 하셨다).

하나님께서는 우리가 그분의 신성한 생명에 참여할 수 있도록 자신을 낮추시어 우리의 인성에 참여하셨다. 얼마나 영광스러운가! 우리는 하나님께 인성을 드리고, 그분은 우리에게 신성을 주셨다. 물론 이것은 우리가 인간의 본성을 잃고 하나님과 동등한 존재가 된다는 것을 의미하지 않는다. 우리의 인성이 허용하는 한도까지 하나님께서 그분의 신성을 우리에게 나눠주실 것이란 의미이다.

이 신성과 인성의 교류는 영원한 천국의 비전의 내용 또는 내적인 역동성을 표현한다. 이것이 뱀이 우리에게 하나님이 주지 않으실 거라고 설득했던 바로 그것, 즉 신성한 생명과 우리의 행복이란 점을 여기서 되새겨 보자. 뱀이 암시한 내용은 이렇다. "네가 '하나님처럼' 되고 싶다면, 하나님은 결코 그것을 안 줄 터이니 네가 그것을 *취해야* 한다." 아니다! 하나님은 언제나 우리가 그분의 신성에 완전히 참여하기를 원하셨다. 그것은 값없이 주신 선물이다! 우리는 그저 우리의 인성을 열고 그것을 *받기만* 하면 된다. 하나님이 우리에게 거저 주시는 것을 움켜잡을 필요가 없다. 죄와 인간의 모든 불행은 바로 여기, 선물을 움켜쥐는 데서 시작된다.

배필로서의 몸의 의미의 완성

하나님과 인간 사이의 이 영광스러운 교류는 어떤 모습일까? 천국의 혼인은 인간의 모든 지식을 초월하기 때문에 우리는 추측만 할 수 있을 뿐이다. 그러나 다시 한번, 지상의 결혼에서 장래 될 일을 희미하게나마 엿볼 수 있다.

본래 남녀의 교류는 "선물할 자유"와 "몸의 배필로서의 의미"를 통해 이루어졌다. 하나님께서 우리에게 주신 자유의 선물은 사랑할 능력이라는 것을 기억하자. 자유가 없다면 다른 사람에게 우리 자신을 선물할 수 없다. 즉 사랑을 할 수 없다. 또한 하나님은 남자와 여자인 우리 몸에 자기를 내어줄 권리라는 이 소명을 새겨 넣으셨다. 우리의 몸은 하나님의 사랑을 표현할 수 있기 때문에 "배필로서의 의미"를 지닌다. "하나님의 사랑이란 *바로 그 사랑 안에서 그 사람이 선물이 되고*, 이 선물을 통해 자신의 존재와 존재의 바로 그 의미를 성취하는 사랑"이다.[14]

부활 때 우리는 새로운 천상의 차원에서, 몸의 배필로서의 그 동일한 의미를 발견한다. 그러나 그 때 배필로서의 몸의 의미는 살아 계신 하나님의 비밀을 만남으로써, 하나님을 직접 대면하여 보는 것을 통해 이루어진다. 부부의 비유를 적용하자면, 부활 때 그 거룩한 신랑이 그의 선물("이것은 너희를 위해 주는 내 몸이다")을 가장 완전한 모습으로 보여 주실 것이라는 결론에 이를 수 있다. 이 혼인으로의 초청에 응답하는 모든 사람은 예수님의 신부로서 이 선물을 받기 위해 자신의 인성을 열 것이다. 이 선물에 대한 응답으로, 영원한 생명을 주시며 안아 주시는 거룩한 신랑에게 우리 자신을 온전히 내어 드리게 될 것이다.

"오라...주 예수여 오시옵소서"(계 22:17, 20 참고). 성경의 가장 마지막 구절에서 성령과 연합한 신부가 함께 외친다. 신부는 끝나지 않는 사랑의 황홀함 안에서 신랑과 하나가 되기를 갈망하고 애타게 바라며, 기다리고 있다. 실제로 그녀는 그 사랑을 향한 열망으로 인해 기절할 것 같고 "사랑하므로 병이 생겼음"에 이르렀다(아 2:5 참고).

어린 양의 혼인에서 "본질적으로 인간적인 것에 본질적으로 신성한 것이 침투하고 스며드는 것"이 정점에 이르게 된다.[15] 성적인 이미지는 틀림없다. 어떤 사람들에게는 다소 불쾌할 수도 있지만, 이 책 전체에서 살펴본 바와 같이 이런 종류의 이미지는 매우 성경적이다. 물론 에로틱한 사랑을 천국의 이미지로 사용할 때는 비유의 부족함을 기억하는 것이 특히 중요하다. 천국은 이 땅에서의 성적으로 결합하는 경험이 영원히 확대된 것이 아니다. 요한 바오로 2세는 다가올 혼인 결합은 "완전히 새로운 경험이 될 것"이라고 말한다. 그러나 동시에 교황은 남자와 여자가 "본래" 경험하고 역사를 통해 되찾고자 했던 사랑에서 "어떤 식으로든 소외되지 않을 것"이라고 말한다.[16]

부활 때 우리는 "우리 몸의 속량"(롬 8:23)이 궁극적으로 성취됨을 경험하게 될 것이다. 그 때 몸의 본래 의미는 혼인 잔치에 초대받은 모든 사람이 자신을 내어주는 사랑의 완전한 자유 속에서 살게 될 때 *영원한 찬란함* 속에서 다시 드러날 것이다. 영원한 생명으로 부활하는 사람들은 "하나님과 연합하여…절대적이고 영원한 배필로서의 영광스러운 몸의 의미"를 경험할 것이다.[17]

성도의 교제

앞서 언급했듯이, 우리는 하나님과 연합한 개인으로서뿐만 아니라 하나님의 영원한 비전을 누리는 모든 성도들과도 자신을 내어주는 사랑과 교제를 나누며 살아갈 것이다. 아담은 고독의 경험 속에서 하나님과 이웃을 사랑하는 자신의 근본적인 소명을 발견했음을 기억하자. 천국은 이 소명의 두 가지 차원을 모두 충족시켜 준다. 우리가 궁극적인 운명에 도달하면, 영광 가운데서 부활한 모든 이들과 완전한 연합을 이루며 살게 될 것이다.

이 완성은 하나님이 "태초"에 남자와 여자를 "한 몸"이 되게 부르셨을 때부터 원하셨던 인류의 연합을 궁극적으로 실현하는 것이 될 것이다. 이런 식으로 하나님의 계획에서 성적 결합은 팀 켈러의 말처럼 "우리가 하나님과 서로 사랑하는 관계 속에서 천국에서 누리게 될 영혼의 영원한 황홀경을 가리킨다."[18] 천국은 "각 나라와 족속과 백성과 방언에서"(계 7:9) 영광스러운 수많은 남녀가 한 몸 안에 영원히 연합하는 경험이 될 것이다(고전 12:20 참고). 이 연합은 이 땅에서 남편과 아내가 경험하는 성적인 의미로는 경험할 수 없을 것이다. 그러나 우리는 이 땅의 이해를 초월한 신비한 방식으로 우리 인류에서 남성적인 모든 것과 여성적인 모든 것이 연합될 것이라는 결론을 내릴 수 있다. 그 연합, 즉 그 "한 몸"은 신랑과 영원히 완전한 연합 속에서 살아가는 예수님의 바로 그 신부 한 사람이 될 것이다.

이러한 그리스도와의 연합을 통해 그 안에서, 구원받은 자들은 삼위일체 하나님의 그 *인격적인* 친교 속에서 살아갈 것이다. 우리는 모든 사람을 *보고*, 모든 사람에게 *보여질 것*이다. 우리는 모든 것을 *알고* 모든 이가 우리를 *알게 될 것*이며, 하나님은 "만물 안에서 만물을 충만하게 하시는 이"(엡 1:23)가 될 것이다. 존 엘드레지(John Eldredge)는 동일한 생각을 이렇게 표현했다. "우리는 아무 것도 숨기지 않은 채 하나님과 함께 진정한 앎을 누려야 한다." 그는 이를 "난잡함 없이 다수가 친밀한 상태"라 부를 수 있다고 제안하면서 말한다. "이것이 바로 고대 사람들이 성도들의 교제를 통해 전달하고자 했던 것이다." 그는 이어서 설명한다.

    이를 위한 배경은 어린 양의 성대한 혼인 잔치가 될 것이다...그 잔치에는 춤이 있다. "처녀는 춤추며 즐거워하겠고 청년과 노인은 함께 즐거워"할 것이다(렘 31:13). 그 잔치에는 *맘껏 먹을 것*이 있다. "만군의 여호와께서 이 산에서 만민을 위하여 기름진 것...으로 연회를" 베푸실 것이다(사 25:6). *마실 것도* 있다. 하나님은 "기름진 것과 오래 저장하였던 포도주로 연회"(사 25:6)를 베푸실 것이다. 실제로 최후의 만찬에서 우리의 신랑은 "하나님의 나라가 임할 때까지 포도나무에서 난 것을 다시 마시지 아니하리라"(눅 22:18)고 말씀하셨다. 그 날에 그분이 병마개를 따실 것이다.[19]

이 개념을 설명하던 수업 시간에 한 학생이 "술 취해서 하는 난교 같은 걸 말씀하시는 것 같아요."라고 한 적이 있다. 나는 절대 "*아니다!*"라고 주장했다. 술에 흠뻑 취해 하는 난교는 성도의 교제를 악마가 모조한 것이다. 악마는 자신의 흙이 없다는 것을 기억하자. 그가 할 수 있는 일은 하나님의 흙을 가져다가 비틀고 왜곡하고 조롱하는 것뿐이다. 그는 수없이 우리를 조롱해왔기 때문에, 거룩하고 성스러운 실재가 제시되면 우리는 거의 즉시 그것을 악마적으로 왜곡시킨 것과 연관시킨다.

사탄은 대단한 표절자이다. 하나님의 거룩한 것을 가져다가 자신의 이름을 붙인다. 비극적으로 많은 그리스도인들이 육체와 분리된 영성을 추구하며 육신으로부터 도망친 채, 원수가 훔쳐간 것을 그대로 내버려둔 채 만족하고 있다. 몸의 신학은 그리스도인들에게 사탄이 표절한 것을 되찾으라는 분명한 외침이다. 성은 하나님의 것이다. 그것은 하나님이 생각하신 것이다. 하나님이 성을 만들어 내셨다. 다시 반복해서 말하지만, 하나님은 천국에서 우리를 기다리는 영광과 황홀경, 기쁨을 어떤 식으로든 예표하기 *위해* 그렇게 하셨다(엡 5:31-32 참고). 우리 모두가 성에 관심이 많은 것은 당연한 일이다! 하나님은 성의 의미를 이해하고 싶어하는 본능적인 욕구를 모든 인간에게 주셨고, 우리를 그분께로 인도하기 위해 그렇게 하셨다. 우리가 그 연회를 찾지 못하게 하려고, 원수가 바로 여기를 공격하는 것이다.

자비가 풍성하신 우리 하나님

우리가 이 거룩한 혼인 잔치에 대한 지식이 부족하기 때문에 에로스를 굶기거나 패스트푸드로 폭식을 하며 그 사이를 오가는 경향이 있다. 어느 경우에나 우리가 겉으로는 행복한 척할 수는 있을지 몰라도, 내면에는 결핍의 고통이 숨어 있다. 복음의 기쁜 소식은 우리 하나님은 자비가 풍성하시기에, 그분이 우리의 고통에 마음이 끌리신다는 것이다. 자비를 뜻하는 라틴어 미세리코르디아(misericordia)는 실제로 "고통받는 사람들에게 자신을 내어주는 마음"을 의미한다.

욕망을 억누르는 태도를 견지해 왔다면 이렇게 기도해 보자.

주님, 저는 제 욕망을 두려워했습다. 내 안의 "불"에 이끌려 살면 고통스럽거나 타락할까봐 두려워했습니다. 주님! 제 안에 있는 거룩하고 숭고한 에로스를 일깨워 주세요. 거룩한 에로스의 사랑을 느낄 수 있도록 용기를 주시고, 주님의 불을 갈망하는 제가 그것을 경험할 수 있도록 도와주세요. 이 땅의 많은 선물과 즐거움을 천국에서 기다리는 기쁨의 수많은 "예표"로서 올바르게 기뻐할 수 있도록 도와주십시오. 아멘.

욕망에 관대한 태도를 취해 왔다면 이렇게 기도해 보자.

주님, 저는 제 욕망을 만족시킬 수 없는 것들에 두었습니다. 주님을 향한 "갈망" 속에 머무르는 방법, 주님을 기다리는 법, 주님을 신뢰하는 법을 알지 못해서 주님 외에 다른 많은 쾌락을 붙잡고 살았습니다. 제 욕망이 이 세상의 유한한 쾌락이 아닌 천국에서 저를 기다리는 무한한 황홀경으로 향하게 도와주시고, 주님께서 이 세상에 만드신 모든 좋은 것들이 주님을 가리키는 수많은 "상징"으로 존재한다는 것을 인식할 수 있도록 도와주소서. 아멘.

예수님께서는 왜 성적인 죄인들, 특히 여성들에게 그토록 자비로우셨을까? 이들이 진정한 신랑인 그분을 찾고 있었기 때문에, 속임수에 넘어가 가짜 인생을 살았던 것을 아셨기 때문이라고 생각한다.

간음하다 잡힌 여인을 생각해 보자(요한복음 8:2-11 참고). 그녀는 사랑, 친밀감, 다른 사람과의 연합됨을 추구했지만 언제나 그렇듯이 가짜는 그녀를 만족시키지 못했다. 수치심에 휩싸인 그녀는 돌을 던지려는 성난 군중들에 의해 예수님 앞으로 끌려갔다. 그때 그리스도는 죄 없는 자가 먼저 돌을 던질 수 있다고 말씀하셨다. 그분의 말씀대로라면 죄가 없으신 그리스도는 돌을 던질 수 있었을 것이다. 하지만 그리스도 예수님은 정죄하러 오신 것이 아니라 구원하러 오셨다(요 3:17 참고).

복음서는 예수님은 성난 군중이 모두 떠나고 "오직 예수와 그 가운데 섰는 여자만"(요8:9) 남았다는 세부 사항을 덧붙인다. 여자가 거룩한 신랑과 단둘이 있을 때 그 다음에는 무슨 일이 일어났을까? 이야기를 조금 더 자세히 읽어 보면 여인이 가짜에서 진짜로 변화되었을 것이라고 상상할 수 있다. 예수님께서 "가서 다시는 죄를 범하지 말라"(요 8:11)고 말씀하셨을 때, 여인이 돌아서서 "이 자가 대체 누구라고 내가 내 몸 가지고 뭘 할 수 있고 뭐는 할 수 없다고 말하는 것이냐?"라며 투덜댔을까? 아니면 그녀가 진정으로 찾던 사랑을 만난 후 여자로서 존재의 가장 깊은 곳에서부터 변화되고 새로워지고 확신을 얻었다고 생각하는가?

여태까지 믿어 왔던 당신 자신의 몸, 타인의 몸, 성의 의미에 대한 거짓말은 무엇인가? 믿어 왔던 가짜는 무엇인가? 그 모든 것의 배후에는 진정한 사랑에 대한 갈증이 있다. 성적인 죄는 "죽은 물"로 그 갈증을 채우려는 시도이다. 그리스도는 정죄하지 않고 바로 그 자리에서 우리를 만나신다. "네가 만일 하나님의 선물을 알았더라면…네가 그에게 구하였을 것이요 그가 생수를 네게 주었으리라"(요 4:10).

많은 사람들처럼 우물가의 여인도 하나님의 선물을 몰랐기 때문에 다른 곳에서 목마름을 달랬다. "너에게 남편 다섯이 있었고 지금 있는 자도 네 남편이 아니니"(요 4:18). 여섯 명의 연인들. 이 일화가 상징하는 것이 보이는가? 여섯은 불완전을 상징하는 성경의 숫자이다. 일곱은 완벽을 상징하는 성경의 숫자이다. 이 여인의 일곱 번째 연인은 누구일까? 신랑이신 예수님이다! 그분의 사랑은 여인이 평생 목말라하던 영생에 이르는 '생수'이다(요 4:1-36 참고).

예수님께서 우리의 깨어진 인성을 얼마나 부드럽게 대해 주시는가! 상처 입은 우리의 성을 그리스도 앞에 활짝 열어 놓고, 그분이 우리의 모든 병든 이미지와 고통스러운 기억 속으로 들어오셔서 치유하시며 자비로운 사랑으로 "우리의 상처를 만지시는" 것을 두려워해서는 안 된다. 예수님은 *결코* 우리의 인성을 빼앗지 *않으신다*. 그분은 그것을 회복시켜 주신다. 그분은 우리에게 규칙을 강요하기 위해 오신 것이 아니라 진정한 사랑의 길을 친절하게 가르쳐 주시기 위해 오셨다.

그리스도인이 된다는 것은 우리의 삶을 어떤 규칙의 목록이나 윤리 강령에 맞추는 것이 아니다. 그것은 우리의 삶을 근본적으로 바꾸고, 상처를 치유하고 욕망을 변화시키는 것이며, 예수님의 탄생을 나타내는 별들을 보고 방향을 찾은 동방 박사들처럼 우리의 에로스가 "그 별"을 향해 방향을 돌리도록 하시는 분과의 만남에 관한 것이다.

요한 바오로 2세가 말한 것처럼 예수님를 따르는 것은 "온전히 은혜로 지속되는 여정"이다. 또한 "강렬한 영적 헌신을 요구하며 고통스러운 정화 과정을 거쳐야" 한다.[20] 그러나 배낭여행의 도전처럼 한 발 한

발 내딛는다면 목적지에 도달할 수 있다. 인생은 힘들더라도 그 노력을 정당화할 만큼 영광스러운 목표를 향해 나아간다는 것을 안다면 살아낼 수 있고, 심지어 받아들일 가치도 있다.

이 삶의 모든 시련과 고난, 고통을 정당화할 수 있는 목표는 무엇일까? 이 힘든 여정은 어디로 이어질까? 요한 바오로 2세는 "하나님이신 그리스도께 온전히 사로잡혀 *하나님과의* '혼인의 연합'으로 경험되는 형언할 수 없는 기쁨에 이르는 것"이라고 말한다.[21]

이것이 바로 우리가 온몸으로 갈망하는 영원한 황홀경, 타의 추종을 불허하는 황홀하고 풍요롭고 아름다운 지복이다.

주님, 우리에게 믿음을 주소서. 이 영광스러운 선물을 믿게 도와주소서. 그리고 무슨 일이 있어도 이 여정을 계속할 수 있도록 도와주소서. 아멘

Chapter 05

심오한 비밀

한 남자가 생명을 주신 부모를 떠나 아내와 결합하고,
그 둘이 연합하여 한 몸(아버지, 어머니, 자녀)이 된다…
그리스도와 우리의 관계도 비슷하다.
우리는 성찬을 통해 그분과 한 몸이 된다…
[그리고] 이것은 태초부터 그분의 계획이었다.

요하네스 크리소스토무스(John Chrysostom)

2004년 가을, 뉴욕 출장을 마치고 돌아와 아내인 웬디에게 방금 일어난 일을 이야기하며 얼마나 흥분했는지 기억난다. 세계에서 가장 큰 출판사가 아주 매력적인 책 계약 조건을 제안했기 때문이었다. 그 출판사는 남편들을 위한 "아내를 올바로 사랑하기"(Loving Her Rightly)라는 책을 집필해 달라고 요청했다.

이 좋은 기회에 아내도 함께 기뻐해 줄 거라 기대했지만, 책 제목을 듣자마자 아내의 얼굴이 어두워지는 것을 보고 상당히 당황했다. "왜 그래?" 필자가 물었다. 아내는 "우리 얘기 좀 해…길고 고통스러울 거야"라고 대답했다. "무슨 뜻이야?" 어리둥절하며 묻는 필자에게 아내가 말했다. "그냥 이렇게 말할게. 당신은 남편들을 위한 책, '아내를 올바로 사랑하기'를 쓸 *자격이 없어!*"

아! 만일 필자의 내면에서 고개를 들고 싶어하는 추악한 교만의 목소리(*잠깐, 당신은 "몸의 신학"의 강사와 결혼했잖아!*)가 나오게 했다면 꽤 난리가 났을 것이다. 하지만 하나님의 은혜로 자존심을 억누르고 아내의 말에 귀를 기울였다. 몇 달 동안 일주일에 한 번씩 아이를 대신 봐줄 사람을 구하고 대화할 시간을 가졌다. 사실 대부분 아내가 말을 하고 필자는 듣기만 했다. 아내로부터 "몸의 신학"의 강사와 결혼한 10년이 어떤 시간이었는지 들어야 하는 시간이었다.

아내의 말이 맞았다. 정말 *길고 고통스러운* 시간이었다. 우리 관계에 풍성한 "알곡"도 많았지만 그 사이에 "가라지"도 많았다. 필자는 그것을 관리하는 대신 전 세계를 돌아다니며 다른 사람들에게 "몸의 신학"에 관해 이야기하고 있었다.

90년대 중반에 결혼했을 때는 이미 2년 정도 "몸의 신학"을 공부하고 다른 사람들에게 전하던 중이었다. 결혼 생활 덕에 하나님의 혼인 계획에 *관한* 좋은 신학적 지식을 머릿속에 많이 가지고 있는 것과, 실제로 그것을 *살아내는 것*은 별개라는 것을 깨달았다. 몸의 신학에 관한 책을 쓰고 강연하고 수업을 하는 것과, 그 여정에서 반드시 필요한 고통스러운 정화의 과정을 실제로 통과하는 것은 또 다른 문제였다. 자비를 베풀어 주신 하나님과 아내에게 감사한다!

성공적인 결혼 생활을 위한 첫 번째 요소

성공적인 결혼 생활을 위한 첫 번째 요소는 자비이다. 우리 성경 공부의 이 부분에 들어서면서 이 점을 염두에 둬야 한다. 왜냐하면, 우리가 결혼을 한다면, "창조주 하나님께서 '본래' 정하신 모습대로 결혼을 해야" 하기 때문이다.(1) 우리는 모두 그 영광에 이르지 못하게 만드는 수많은 결점, 실패, 약점과 싸워야 한다. 부부가 하나님의 계획이 지닌 본래의 찬란함을 되찾는 것이 가능할까? "사람으로는 할 수 없으나 하나님으로서는 다 하실 수 있느니라"(마 19:26).

결혼이 두 배우자를 그리스도 안에서 구속의 신비 속으로 밀어 넣는다는 것을 분명히 계속해서 보게 될 것이다. 즉 하나님의 능력이 우리의 연약함 가운데 온전해지므로 하나님의 은혜가 우리에게 충분하다는 신비를 알게 될 것이다(고후 12:9 참고). 이는 "사랑이 때때로 고통스러운 길을 따르더라도 실망할 필요는 없다"는 의미다. "은혜는 사람들이 걷는 사랑의 길을 곧게 하는 힘이 있다."(2)

비밀과 성례

더 이어나가기 전에 엄격한 의미의 성례(sacrament)로서의 결혼과, 더 일반적이고 오래된 의미의 성례로서의 결혼을 구별하는 것이 중요하다. 루터는 엄격한 의미에서 성례는 세례와 성찬 두 가지만 있다고 믿었다. 가톨릭, 정교회, 성공회 신자 중 다수는 성례에는 결혼을 포함해서 일곱 가지가 있다고 믿는다.

결혼을 성례로 보는 것에 대한 기독교인들 사이의 신학적 차이를 탐구하는 것은 이 책의 범위를 벗어난다. 하지만 에베소서 5장 31~32절의 바울의 가르침과 관련해서 본다면, 더 일반적이고 오래된 성례의 의미를 결혼에 적용하는 데 동의할 수 있다.

"그러므로 사람이 부모를 떠나 그의 아내와 합하여 그 둘이 한 육체가 될지니' 이 *비밀*이 크도다 나는 그리스도와 교회에 대하여 말하노라"(엡 5:31-32). 바울의 편지가 그리스어에서 라틴어로 번역될 때 비밀(*mysterion*)은 종종 성례, 성사(*sacramentum*)로 번역되었다. "비밀-성례", 서로 다른 뉘앙스를 지닌 이 단어들을 함께 살펴보면, 바울이 에베소 교인들에게 보낸 편지에서 전달하고자 하는 놀라운 진리를 더욱더 완전하게 이해할 수 있다.

바울이 "영원부터 하나님 속에 감추어졌던 *비밀*의 경륜"을 모든 사람에게 분명하게 "드러내게 하려" 했다는 사실을 기억하자(엡 3:9). 하나님의 비밀을 "분명하게" 드러내는 것이 성례가 하는 일이다. 성례는 이러한 비밀의 경륜을 물리적 상징을 통해 분명하게 밝히는 역할을 한다. 바울에게 그 상징, 즉 성례는 남성과 여성의 몸과 그 연합을 향한 부르심에 있다. 사실 바울은 "본질적으로 영적이고 초자연적인 [구속의] 모든 실재를...몸으로 남편과 아내가 '한 몸'이 되는 것처럼 사랑으로 서로 '한 몸'이 되는 유사성을 통해" 설명할 수 있다.(3) 바로 이런 방식으로 그는 에베소서 5장에서 하나님의 비밀을 "모든 사람에게 분명하게" 드러낸다.

하지만 하나님의 비밀이 이 상징을 통해 드러나고 알려지고 분명해지더라도 그것은 여전히 비밀로 남아 있다. 우리가 하나님의 무한함을 결코 다 이해할 수 없기 때문이다. 하나님의 비밀이 더 많이 알려질수록 알아야 할 것이 더 많아진다는 것도 알게 된다. 요컨대, "비밀-성례"라는 이 두 단어는 하나님이 "숨기시고-계시하신" 차원과 그분의 인간을 향한 계획을 의미한다고 할 수 있다. 복음의 기쁜 소식은 영원부터 하나님 안에 *숨겨진* 비밀이 *드러났다*는 것이다. *비밀*이 *성례*가 되어 보이지 않는 실재가 눈에 보이는 상징이 되었다.

태초에 하나님의 비밀은 남자와 여자의 혼인이라는 위대한 상징을 통해 드러났다. "충만한 때" 이 같은 비밀은 그리스도와 교회의 연합이라는 새로운 상징을 통해 드러났다. 이 장에서 더 깊이 이해하게 되겠지만, 에베소서 5장에서 하나님으로부터 천재적인 영감을 받은 바울은 "이 두 상징을 모아 *하나의 위대한 상징*을 만들었다."[4] 남편과 아내의 연합과 그리스도의 연합인 이 두 가지 "위대한 상징"은 *하나의 비밀*을 표현하는 것이자 하나의 "위대한 성례"를 형성한다. 이 모든 것이 바울의 놀라운 가르침에 담겨 있다.

이 장에서는 결혼을 통해 전달되는 하나님의 선물인 비밀에 대해 더 자세히 살펴볼 것이다. 다음 장에서는 하나님의 선물이 표현되는 부부의 사랑이라는 인간의 상징인 성례에 대해 더 자세히 살펴볼 것이다.

성경의 모든 주제 중 최고의 주제

에베소서 5장이 기독교 신학의 역사에서 얼마나 중요한지 아무리 강조해도 지나치지 않다. 이 본문을 기도하며 깊이 묵상할 때, "이 놀라운 장에 담긴 하나님의 진리가 얼마나 풍성한지를 가능한 한 '아주 깊이' 이해하려고 노력해야 한다."[5] 요한 바오로 2세의 표현처럼, 하나님이 우리를 향해 사랑하는 배우자의 마음을 보여주시는 이 "중요하고 고전적인 본문"은 사람을 남자와 여자로 창조하시고 한 몸이 되도록 부르시는 하나님의 계획의 영광과 그 위대함에 몰입하게 할 뿐만 아니라, "어떤 의미에서는 그리스도께서 성취하신 *하나님과 인간에 관한 가르침*을 개괄하며 *요약*"한다.[6]

따라서 우리는 에베소서 5장의 "심오한 비밀"에서 성경의 모든 주제 중에서도 최고의 주제, 즉 이 모든 거룩한 계시 중 "핵심이 되는 실재"

를 발견한다. 여기서 우리는 하나님이 "무엇보다 말씀을 통해 인류에게 전하고자 하는 것"을 발견한다.⁽⁷⁾ 이 책에서 거듭 이야기하는 것처럼, 하나님은 우리와 결혼하기 원하신다.

선지자들이 이스라엘에 대한 신랑되신 하나님의 사랑을 매우 담대하게 이야기했지만, 구약에서는 이 비밀이 "절반만 드러났다." 에베소서 5장에서 신랑되신 하나님의 사랑의 비밀이 "(비밀로만 그치지 않고) 완전히 드러난다."⁽⁸⁾ 그 결과, 우리는 "결혼을 향한 소명의 본질과 [하나님의] 비밀이 특별히 만나는데 있어 증인"이 된다.⁽⁹⁾

전체 성경 구절은 다음과 같다.

> 그리스도를 경외함으로 피차 복종하라
>
> 아내들이여 자기 남편에게 복종하기를 주께 하듯 하라 이는 남편이 아내의 머리 됨이 그리스도께서 교회의 머리 됨과 같음이니 그가 바로 몸의 구주시니라 그러므로 교회가 그리스도에게 하듯 아내들도 범사에 자기 남편에게 복종할지니라
>
> 남편들아 아내 사랑하기를 그리스도께서 교회를 사랑하시고 그 교회를 위하여 자신을 주심 같이 하라 이는 곧 물로 씻어 말씀으로 깨끗하게 하사 거룩하게 하시고 자기 앞에 영광스러운 교회로 세우사 티나 주름 잡힌 것이나 이런 것들이 없이 거룩하고 흠이 없게 하려 하심이라 이와 같이 남편들도 자기 아내 사랑하기를 자기 자신과 같이 할지니 자기 아내를 사랑하는 자는 자기를 사랑하는 것이라 누구든지 언제나 자기 육체를 미워하

지 않고 오직 양육하여 보호하기를 그리스도께서 교회
에게 함과 같이 하나니 우리는 그 몸의 지체임이라 그러
므로 사람이 부모를 떠나 그의 아내와 합하여 그 둘이
한 육체가 될지니 이 비밀이 크도다 나는 그리스도와 교
회에 대하여 말하노라 그러나 너희도 각각 자기의 아내
사랑하기를 자신 같이 하고 아내도 자기 남편을 존경하
라(엡 5:21-33)

논란이 되는 구절

결혼의 "심오한 비밀"에 대한 바울의 풍성한 가르침을 탐구하려면, 에베소서 5장에 포함된 성경에서 가장 논란이 많은 구절 중 하나인 "아내들이여 자기 남편에게 복종하라"를 정면으로 다룰 필요가 있다. 오늘날 기독교 교계에서 이 구절에 대한 접근 방식은 대개 두 가지 방향에 치우쳐 있다. 많은 사람이 바울의 가르침을 당대 남성 우월주의의 산물에 불과한 것으로 간주하면서 현대의 맥락에서는 아무 의미가 없다고 생각한다. 또 다른 사람들은 "복종"에 대한 바울의 가르침을, 베일을 쓴 남성 중심주의에 불과한 결혼에서의 주도권을, 몹시 왜곡된 접근 방식으로 정당화하기 위해 사용한다. 성경의 전체 맥락과 바울이 글을 쓴 문화적 맥락을 모두 고려하여 이 구절을 읽으면 양측의 오류를 피하면서 바울의 가르침을 매우 균형적이면서 설득력 있게 해석할 수 있다.

먼저 성경은 남성이 여성을 지배하려는 경향을 원죄의 특정한 결과로 분명히 드러낸다는 점을 인식해야 한다. 죄가 들어오기 전, 본래 사랑의 질서는 남편이 하나님의 형상대로 지음 받은 자신을 "먼저" 선물

로 내어주도록 했다. 이어서 여자는 남편의 진실된 선물을 인식하면서 그 선물을 받아들이고 자신도 내어주기를 갈망했다. 이렇게 함으로써 진정한 "인격적 교제"를 이룬 것이다. 오직 원죄 *이후*, 그 결과로서만, 하나님은 여자에게 "너는 남편을 원하고 남편은 너를 다스릴 것이니라"(창 3:16)라고 말씀하셨다. 여기서 "원한다"와 "다스린다"로 번역된 동사는 둘 다 남자와 여자 사이의 본래의 인격적 교제에 미친 비극적인 영향을 나타낸다. 남자가 먼저 자신을 내어줌으로 시작한 선물은 여자를 지배하려는 남자의 죄성으로 변질되었고, 여자가 진실한 선물을 간절히 원하고 자신도 내어주고자 했던 갈망은, 조종하는데 능한 이기심으로 변질되었다.

앞으로 살펴보겠지만, 바울은 결혼에서의 이러한 죄된 성향을 절대 정당화하지 않는다. 오히려 그는 그리스도 안에서 성취된 구속을 통해 배우자 모두 *본래의 사랑의 질서로 되돌아가*라고 청한다.

천재적 복음주의자 바울

바울도 우리와 마찬가지로 당대 문화에 영향을 받았다. 요한 바오로 2세의 기록에 따르면, 바울은 "그 시대의 사고방식과 관습을 받아들이는 것을 두려워하지 않았다…물론 현대의 감성과는 다르고…남성과 비교한 여성의 사회적 위치도 다르다."[10] 그러나 바울의 말을 단순히 정치적으로 부적절한 당대 문화의 산물이라고 일축해 버리면, 그의 복음주의적인 천재성을 전혀 이해하지 못하는 셈이 된다. 여느 위대한 스승과 마찬가지로 바울은 자신이 전하고자 하는 문화의 언어와 관습을 이용하면서 그 언어와 관습에 그리스도의 비밀을 불어넣었다.

(*문맥*이 핵심임을 기억하자.) 바울은 편지의 앞 장에서 그리스도인

들이 "이제부터 이방인이 그 마음의 허망한 것으로 행함 같이 행하지 말아야 한다. 그들의 마음이 굳어짐으로 말미암아...그들의 총명이 어두워졌다."라고 분명히 말하고 "주 안에서 그것을 증언했다." 그들은 "모든 더러운 것을 욕심으로" 행했다. 그래서 에베소 교인들은 "유혹의 욕심을 따라 썩어져 가는 구습을 따르는 옛사람을 벗어 버리고 오직 너희의 심령이 새롭게 되어 하나님을 따라 의와 진리의 거룩함으로 지으심을 받은 새 사람을 입으라"라는 권고를 받았다(엡 4:17-19, 22-24).

이 모든 것이 지금쯤이면 우리에게 매우 익숙하게 들릴 것이다. 누가 "완악해진 마음"과 어떻게 그런 마음이 성적인 관계를 왜곡하는지에 대해 이야기했을까? 또한, 누가 남자와 여자가 음욕으로부터 구원을 받고 "의와 진리의 거룩함"을 경험하며 살도록 초청했을까? 바울은 그리스도를 본받아 남자와 여자가 하나님이 본래 만드신 거룩한 형상을 따라 살라고 부르고 있으며, 그들이 그렇게 살 수 있게 해 주는 구원자로서 그리스도를 지목하고 있다.

에베소서 5장의 논쟁이 되는 구절을 전체 맥락에서 읽어보면, 바울은 여성을 비하하거나 학대하는 남성을 정당화하는 것이 아니라, 남녀 간의 사랑의 올바른 균형을 위한 유일하고 확실한 기초를 회복시키는 것이다. 사실 바울은 다음과 같이 말하는 것이다. "물론 이게 당신들에게 익숙한 말이기 때문에 결혼에 있어 '복종'에 관해 이야기할 수 있다. 하지만 그 말은 이방인들에게는 다른 것을 의미한다. 이제 그리스도를 따르는 사람들이 이 말을 어떻게 기대해야 하는지 살펴보자."

그리스도에 대한 경외심에서 우러나오는 상호 복종

에베소서 5장에서 바울이 복종에 대해 처음 언급한 내용인 "그리스도를 경외함으로 *피차* 복종하라"(21절)를 주목하자. 이 구절은 대체로 잊혀진 것처럼 보이지만, 성경이 부부에게 *상호* 복종을 요구하고 있음은 분명하다. 바울이 단순히 여성에 대한 문화적 편견을 되풀이하고 있다고 생각하는 사람들은 바울의 이러한 생각이 얼마나 반문화적인지 이해하지 못한다.

요한 바오로 2세는 사도 바울이 "남편이 아내를 지배하는 계약으로서의 결혼을…말하려는 의도가 없다…사랑은 남편이 *동시에 아내에게 복종하게 만든다.*"라고 주장한다.[11] 그는 배우자에게 복종한다는 것은 "온전히 헌신하는 것"을 의미한다고 덧붙인다. 그러므로 상호 복종은 서로에게 자신을 참으로 내어주는 것을 의미한다.[12] 이는 부부 모두가 몸이 지니는 배필로서의 의미를 깨닫고 피차 참으로 자신을 내어주며 살아가는 것을 의미한다.

바울이 부부에게 "그리스도를 경외함으로"(21절) 서로를 위해 자기를 포기하라고 요청한다는 점에서 그리스도가 이렇게 자기를 내어주는 것의 참된 원천이자 확실한 모범임은 분명하다. 우리는 심지어 이 경외심이 남녀의 상호 매력, 즉 "남자는 여성성에, 여자는 남성성에 매료되는" "영적으로 성숙한 형태"라고 말할 수도 있다.[13] 즉, "그리스도를 경외함"은 성적 매력과 욕망의 구속, 즉 에로스의 구속을 생생하게 경험하는 것에서 비롯된다. 지속적인 성장과 치유를 통해 우리는 앞서 언급한 성숙한 수준의 순결을 점차 경험하게 된다.

순결한 남자와 여자는 자신의 몸을 통해 드러나는 그리스도의 비밀을 *본다*. 순결한 남성과 여성은 단순한 이론이나 개념이 아니라 마음속으로 그것을 *느낀다*. 그들은 자신의 성에 새겨진 연합을 향한 부르심이 그리스도와 교회의 연합을 선포하는 "심오한 비밀"임을 깨닫는다. 성적인 매력으로 이것을 경험하는 정도까지 이르게 되면 우리는 음욕을 원하지 않게 된다. 오히려 *경외함*을 원하게 된다. 바울이 청하는 정도까지 살아낸다면, 음욕은 불쾌하게 여겨진다. 대신 성의 "심오한 비밀"로 크게 놀라고 경외심, 경이로움으로 가득차게 될 것이다. 다시 말해, 성은 우리를 그리스도를 향한 *경외심*으로 채운다.

그 결과 우리의 성을 통해 드러나는 "심오한 비밀"에 대한 경외심은 이전에는 접근할 수 없었던 자유와 기쁨의 영역을 열어 준다. 우리는 열정과 자아를 지배하게 된다. 더 이상 에로스가 우리를 통제하는 것이 아니라 우리가 에로스를 통제하게 된다. 기꺼이 자유롭게 성적인 욕망을 자신을 참으로 내어주는 선물로 만들 수 있다. "열정을 만족시킨다는 것은 사실, 다른 한편으로는 자아를 더 온전히 지배함으로써 얻는 기쁨이다. 이렇게 함으로써 다른 사람에게도 더 온전히 참된 선물이 될 수 있기 때문이다."[14]

물론 이와 관련해서 언제나 더 깊이 정결함을 추구해야 한다. 아무도 단번에 평생 극기하고 자제할 수 있을 것이라고 생각하지 않는다. 성경이 성적인 면에서 요구하는 "그리스도를 경외함"은 삶의 모든 단계에서 새로워진 노력을 전제로 한다. 그러나 그 노력은 수천 배 유익하다. "그리스도께서 우리를 자유하게 하시려고 주신 자유"(갈 5:1)를 찾게 해주고, 우리가 진정 갈망하는 사랑과 기쁨을 맛보게 해주기 때문이다.

부부의 비유에서의 복종

만약 바울이 단지 아내를 남편의 소유물로 보는 문화적 관념을 되풀이하는 것이라면, 에베소서 5장에 대한 페미니스트들의 반발은 충분히 이해할 만하다. 구속, 즉 속량이 없다면, 바울의 말은 아내들에게 남성의 음욕과 폭정에 자신을 맡기라는 권고로만 보일 수 있다. 하지만 구속은 이루어졌다! 그리스도가 우리를 위해 죽었다가 다시 살아나셔서 우리가 하나님의 본래 사랑 계획을 따라 살게 하셨다는 지식은 결혼에 대한 바울의 모든 가르침 속에 깊이 스며들어 있다. 사실, 그는 구속 자체를 부부의 사랑과 성적인 결합의 비유를 통해 설명했다.

이 비유를 따르면 아내는 교회를, 남편은 그리스도를 상징한다. 이 비유는 분명히 한계가 있다(예를 들어, 어떤 남편도 그리스도를 완벽하게 나타내지 않고, 어떤 아내도 그리스도의 "흠 없는 신부"를 완벽하게 나타내지 않는다). 그럼에도 불구하고 이 비유는 우리를 향한 그리스도의 남편으로서의 사랑뿐만 아니라 결혼의 본질과 의미에 대해서도 많은 것을 말해 준다. 우리는 "결혼이 그리스도인의 소명에 부합하려면 그리스도가 그의 신부인 교회에게 내어주고, 교회가...그리스도에게 되돌려 드리는 사랑을 반영할 때에만 가능하다"는 것을 배운다.[15] 이러한 모범이 없다면, 결혼은 특히 여성에게 억압의 형태로 전락하기 쉽다.

다시 말해, 바울은 당시의 언어를 사용하지만, 완전히 새로운 구속적인 의미를 부여한다. 바울이 사용한 비유의 본질을 이해한다면, "아내들이여 자기 남편에게 복종하기를 *주께 하듯 하라*"(22절)고 말한 것이 이해가 된다. 이 문맥에서 복종(submit)을 "아내들이여, 남편의 사명(*mission*) 아래(*under* (sub))에 자신을 두라"라고 설명한다. 남편의 사명이란 무엇인가? "남편들이여, *그리스도께서 교회를 사랑하신 것 같이* 아내를 사랑하라." 그리스도는 교회를 어떻게 사랑하셨는가? 그는 죽기까지! "그녀를 위해 자신을 내어주셨다"(25절). 그리스도는 자신이 섬김을 *받으러* 온 것이 아니라 *섬기러* 왔고, 신부를 위해 목숨을 대속물로 주려 오셨다고 말씀하셨다(마 20:28 참고).

머리 됨은 섬기라는 부르심이다

바울이 남성의 지배를 정당화했다고 성급하게 비난하는 것은 아마도 바울보다는 우리의 심적 장애에 대해 더 많은 것을 말해 줄 것이다. 지금까지 설명한 내용에 따르면, 바울이 "아내들이여, 남편에게 복종하라"라고 한 말은, "아내들이여, 남편이 당신을 죽기까지…섬기도록 하라."는 뜻이다. 와, 바울의 말에 대한 전형적인 해석이 완전히 뒤집혔다! 아내가 주인이고 남편이 노예라는 뜻이 아니다. 권력, 통제, 지배는 모두 잘못된 패러다임이다. 기독교의 결혼은 남편과 아내가 *서로를 섬기라*는 부르심이다. 그러나 성적인 차이의 본질에 따라 각자는 서로 다른 상호 보완적인 방식으로 이 섬김을 실천한다.

에베소서에서 "남편이 아내의 머리 됨이 그리스도께서 교회의 머리 됨과 같음"이라고 한 것은 남편이 *먼저 섬겨야* 한다는 뜻이다(눅 22:25~26 참고). 사랑에는 거룩한 질서가 있다. 그리스도와 교회를 형상화할 때, "남편은 무엇보다도 사랑하는 자이고, 반면에 아내는 *사랑받는 자*"이다. 따라서 우리는 "아내의 남편에 대한 '복종'은…무엇보다도 '사랑을 경험하는 것'을 의미한다고 결론을 내릴 수 있다. 이 '복종'은 교회가 그리스도에게 순종하는 모습을 가리키며, 이는 분명히 그분의 사랑을 경험하는 것이다."[16]

남편은 결혼 생활의 모든 영역에서 "먼저 섬기는" 태도를 취할 수 있고 또 그렇게 해야 한다. 하지만 그게 침실에서는 어떤 모습일까? 요한 바오로 2세는 남편이 진정으로 아내를 사랑하려면 "성관계가 단지 남성이 절정에 이르는 수단으로만 사용되어서는 안 된다고 주장할 필요가 있다...남자는 반응에 있어 남성과 여성의 차이를 고려해야 하며...두 사람 모두... 가능하다면 동시에...절정에 도달할 수 있도록 해야 한다." 남편은 "쾌락주의적 동기가 아니라 이타적인 이유로" 이렇게 해야 한다. "남성의 자극이 더 짧고 격렬하다는 점을 고려한다면, 부부 관계에서 [이러한] 섬세함은 선행으로서 의의가 있다."[17]

이해할 수 있는 여러 가지 이유로 동시에 절정에 이르는 것이 항상 가능하지는 않다. 하지만 우리 모두 자신의 쾌락을 취하자마자 바로 돌아누워 잠드는 이기적인 남편의 전형적인 이미지를 잘 알고 있다. 그런 남자는 "그리스도께서 교회를 사랑하시는 것처럼" 아내를 사랑한다고 말할 수 없다. 그리스도는 그의 신부가 그의 사랑을 충만히 받고 그 안에 거하며 그분의 기쁨이 그녀 안에 있고 그녀의 기쁨이 충만하게 되기를 원하신다(요 15:9~11 참고). 그리고 부부 관계는 이러한 기쁨의 표현이자 경험이 되어야 한다!

치유를 향한 여정

역사는 바울의 권면이 남성들의 음욕과 지배하려는 이기적인 성향에 도전하는 데 거의 영향을 미치지 못한 것을 보여 준다. 오히려 사람들은 그의 말을 자신의 죄악된 태도와 행동을 정당화하는데 사용했다. 물론 이것은 양방향의 문제이다. 역사는 남성이 여성을 이용하고 조종하는 방법을 아는 만큼 여성도 남성을 이용하고 조종하는 방법을 알고 있다는 것을 보여 준다. 그렇긴 해도, 여성은 역사적으로 남성의 욕망과 지배로 인해 특히 고통을 겪어왔고, 앞서 언급했듯이 남성에게 남녀 간의 사랑의 올바른 균형을 회복해야 할 특별한 책임이 있는 것처럼 보인다.

치유를 향한 긴 여정을 어떻게 시작해야 할까? 그리스도는 무엇보다도 먼저 우리에게 회개하라고 하신다. 그런 맥락에서, 이 책을 읽는 모든 여성에게, 모든 남성들을 대신하여 남성의 욕망과 지배가 여성 독자들께 상처를 준 방식에 대해 겸손히 사과하고자 한다. 여성의 영혼 깊이 새겨진 상처들에 대해 깊이, 깊이 죄송하다.

여성을 남성의 쾌락과 즐거움을 위한 도구로 대했던 방식을 부디 용서해 주십사 빈다.

남성들이 갖고 있는 달성할 수 없는 "미(美)"의 기준을 충족시키지 못했다는 이유로 여성을 무시하거나 거부했던 태도에 대해 용서를 구한다.

여성이 지닌 다른 점들을 보완물이자 선물로 여기기보다 남성의 불안정한 자존감에 대한 위협으로 여겼던 모습을 용서해 주기 바란다.

여성을 존중하고 섬기기보다는 남성의 힘을 이용해 조종하고 통제했던 모습을 용서해 주기 바란다.

여성의 조언을 무시하고 여성의 관점을 깔보게 만든 교만과 우월감에 대해서도 용서를 빈다.

그리스도가 교회를 사랑하신 것처럼 남성이 여성을 사랑하지 못했던 모든 방식에 대해서 용서해 주기 바란다. 남성인 우리는 우리가 하는 일을 알지 못한다.

주여, 우리를 온전한 치유로 이끌어 주소서.

거룩함의 회복

모든 부부는 "포도주가 떨어지는" 경험을 한다. 바울이 결혼을 보는 관점을 이해하고 이에 헌신하는 부부는 결혼 생활의 모든 시련과 어려움 속에서 하나님의 은혜가 포도주를 풍성하게 회복시키신다는 것을 알게 된다. 그리스도의 십자가에 그들의 모든 슬픔과 고통을 못 박음으로써, 부부는 그리스도가 부활하신 기쁨을 경험하게 된다. 이렇게 부부는 서로에 대한 사랑이 아름답게 치유되고 구속되는 경험을 한다.

창조주는 오직 한 분이시다. 그러나 창세기의 첫 장에서 배운 것처럼, 하나님은 부부에게 새로운 인간의 생명이 이 세상에 들어오게 하는 창조의 능력을 나누어주신다. 마찬가지로, 구속자도 한 분이시다. 그러나 에베소서 5장에서 배운 바와 같이, 하나님은 그리스도 안에서 서로에게 새로운 생명을 주는 구원의 힘을 부부에게 나누어주신다. 이처럼 부부가 그리스도의 사랑으로 서로 사랑할 때, 혼인에서의 사랑은 "구속하고 구원하는 사랑, 즉 하나님께서 영원히 그리스도 안에서 인간을 사랑하신 사랑"이 된다.[18]

이 땅에서도 신랑되신 그리스도가 주시는 사랑의 은혜는 최초의 부부가 경험했던 거룩함을 우리 안에서 어느 정도 회복시키기 시작한다. "그리스도께서 교회를 사랑하시고 그 교회를 거룩하게 하기 위하여 자신을 주심 같이 하라"(엡 5:25-26). 그러나 모두 알다시피, 거룩함은 저절로 얻어지는 것이 아니다. 모든 시련과 고난 속에서 신부처럼 그리스도의 사랑의 선물을 받아들이고 그것이 우리의 인격을 *형성하고 변화*시키도록 계속해서 자신을 열어 주어야 한다. 거룩함은 "신부가 신랑의 선물에 사랑의 선물로 응답하는 '[심오한] 비밀'로 평가되기 때문"이다.[19] 여기서 "신부"는 신랑 되신 그리스도와 관계된 우리 모두(남성과 여성)를 가리킨다.

그러므로 거룩은 먼저 무엇을 *하는* 게 아니라 우리에게 그 일이 *이루어지게 하는* 것이다(눅 1:38 참고). 우리가 관계를 맺는 그 모든 무질서한 방식들을 그리스도께서 제거하시도록 해야 한다. 그분이 "물로 씻어 말씀으로"(엡 5:26) 우리를 거룩하게 만드시도록 해야 한다. 성경 학자들은 이 구절을 세례에 대해 이야기한 것으로 본다. 바울 시대에는 신부가 신랑을 맞이하기 위해 결혼 전에 정결하게 목욕을 하는 것이 관례였다. 이로 인해 초대 교회는 세례 자체를 그리스도와의 교제를 위해 신부(교회)를 준비시키는 "혼례의 목욕"으로 묘사했다. 바울이 그리스도가 신부에게 제공하는 양식을 언급할 때 성만찬에 대한 암시도 볼 수 있다(29절 참고).

본래 그리스도 안에서 택함을 받은 교회

하나님께서 아담과 하와의 혼인 결합을 창조의 비밀 속에 유기적으로 새겨 두신 것처럼, 새 아담(그리스도)과 새 하와(교회)의 혼인 결합도 구속의 신비 속에 유기적으로 새겨 두셨다. 사실 부부의 연합은 하나님께서 그리스도 안에서 우리를 구속하신 비밀 전체를 구성하는 기초가 된다.[20] 구속의 신비는 "말하자면 본래 [혼인] 성사의 모습과 형태를 띠고 있다. 최초의 신랑과 신부의 결혼은…혼인, 즉 그리스도와 교회의 혼인의 비유에 해당한다."[21]

창조와 구속 둘다 지니는 이러한 "부부적 특성"에서 인류를 향한 하나님의 계획이 본질적으로 연속적이란 것을 알 수 있다. 우리는 그리스도가 오신 것을 남자와 여자의 죄로 인해 본래의 제1안이 좌절되었을 때 필요한 제2안으로 생각하는 경향이 있다. 죄로부터 구속이 필요하게 된 까닭은 분명히 우리의 타락이라는 현실에서 비롯된 것이다. 그러나 우리가 그분의 영원한 사랑의 교제에 참여케 하는 하나님의 계획은 어제나 오늘이나 영원토록 동일하게 유지된다. 죄가 그 계획이 실현되는 것을 방해하긴 했지만, 그 계획은 좌절되지 않았다. 인간을 향한 하나님의 계획은 죄에도 불구하고 계속된다. "여호와의 계획은 영원히 서리로다"(시 33:11). 영원토록 변함없는 그 계획은 만물이 다 그리스도 안에서 통일되게 하려 하심이다(엡 1:10 참고).

요한 바오로 2세는 성육신하신 그리스도가 인간과 우주를 위한 하나님의 계획에 항상 중심에 계셨다는 사실을 강조했다. "인류의 구속자이신 그리스도는 우주와 역사의 중심이시다."[22] 하나님께서는 우리를 죄에서 구속하기 위해서만이 아니라 그리스도와의 연합을 위해 우리를 예정하셨다. 하나님은 "창세 전에 [그리스도] 안에서 우리를 택하셨다"(엡 1:4). 이것이 결혼이 세상에 전하는 거룩한 선물이다. 우리는 그리스도 안에서 영원한 (결혼) 언약 안에서 하나님과 영원히 연합하도록 택함을 받았다! 이것이 바로 결혼이 전하는 "이야기"이다.

(본래의 고독, 연합, 벌거벗음의 경험을 떠올려 보자면) 본래 순결의 은혜는 "시간과 역사적 차원에 따르면 성육신 이전의 사건이지만,...[그리스도]를 염두에 두고 베풀어 주신 것"이란 의미다.[23] 남자와 여자가 몸을 통해 "본래" 알았던 사랑(은혜)은 어떤 의미에서 그리스도께서 자신의 몸을 통해 역사 속에서 부어 주실 사랑(은혜)을 맛보게 하시거나 예고하는 것이었다. 사실, 최초의 부부가 몸으로 알았던 사랑은 어떤 의미에서 그리스도가 신부인 교회에 부어 주실 사랑에 *의존했다*. 창조는 구속의 전조가 되어 우리를 준비시키며, 첫 아담과 하와의 연합은 새로운 아담과 하와, 즉 그리스도와 교회의 연합의 전조가 되어 우리를 준비시킨다.

일반적인 인식에 대해 다시 생각해 보아야 할 때가 많지만, 성경은 다시 한번 성육신이 하나님께서 나중에 생각해 내신 것이 아님을 보여 준다. 바울이 창세기에서 한 몸을 이루는 것과 그리스도와 교회의 연합을 연결시켰기 때문에 우리도 이런 결론에 이를 수 있다. "'그러므로 사람이 부모를 떠나 그의 아내와 합하여 그 둘이 한 육체가 될지니' 이 비밀이 크도다 나는 그리스도와 교회에 대하여 말하노라"(엡 5:31-32). 태초부터, 즉 죄가 있기 전부터 부부의 결합은 성육신, 즉 그리스도와 인류가 한 육체로 연합하는 것의 전조가 되었다. 우리는 "우리가 무엇을 했기 때문이 아니라 그분의 목적과 은혜 때문에" 이 영원한 연합으로 부름을 받았다. 사도 바울은 "영원 전부터 그리스도 안에서 우리에게 주신 은혜대로 하심이라"(딤후 1:9)고 단언한다.

"심오한 비밀"

사도 바울이 한 몸의 연합을 그리스도와 교회의 연합과 연결한 것은 "전체 본문에서 가장 중요한 핵심이며, *어떤 의미에서는 쐐기돌이다.*"[24] "그리스도와 교회의 연합과 결혼으로 남녀가 부부로 연합하는 것은 이렇게 특별한 초자연적 빛으로 환하게 드러난다."[25]

이 초자연적인 빛에 이끌린 바울은 성사화(sacramentality)된 몸에 대한 예리한 이해를 보여 준다. 몸은 보이지 않는 것을 보이게 한다는 의미에서 성례, 성사(sacrament)이다. 에베소서 5장을 살펴보면서 요한 바오로 2세는 자신의 논지를 다음과 같이 상기시킨다. "오직 몸만이 보이지 않는 것, 즉 영적이고 신성한 것을 실제로 보이게 할 수 있다. 몸은 영원부터 하나님 속에 감추어졌던 비밀을 세상의 눈에 보이는 현실로 옮기기 위해 창조되었으며, 따라서 그 비밀의 예표가 된다."[26]

"영원부터 하나님 속에 감추어졌던 비밀"이 의미하는 바를 상기해 보자. (1) 하나님은 사랑의 교감이며, (2) 우리는 그리스도와의 연합을 통해 그 교감에 참여하도록 되어 있다. 성사(성례)는 그 비밀을 선포하고 우리도 그 비밀에 참여하게 해 주는 예표로 나타내는 것이다.(27) 에베소서의 저자는 하나님의 사랑의 비밀을 전달하는 두 가지 상징, 즉 창조의 질서와 구속의 질서에서 나오는 두 가지 예표에 관해 이야기한다.

창조에서 하나님의 사랑의 비밀은 "첫 남자가 여자와 *연합하는 것을 통해 눈에 보이는 현실이 되었다*"(창 2:24 참고). 구속에서는 하나님의 동일한 사랑의 비밀이 "에베소서 저자가 부부의 연합으로 제시하는 *그리스도와 교회의 서로 떼어놓을 수 없는 연합을 통해 눈에 보이는 현실이 된다.*"(28) 지금 이러한 상징, 이 두 가지 연합에 관해 "창조와 구속의 전체 사역에 관한" 이야기를 하는 중이다.(29) 첫 아담과 하와의 결혼은 창조의 모든 사역을 예표하며, 새 아담과 하와(그리스도와 교회)의 혼인은 구속의 모든 사역을 예표한다.

인생의 의미

요한 바오로 2세는 사도 바울이 이 두 상징(한 몸의 연합과 그리스도와 교회의 연합)을 하나로 묶어 *단 하나의 심오한 상징*, 즉 *심오한 성사*로 만든 것이 사도 바울의 특별한 공로라고 말한다.(30) 이 심오한 성사를 통해 인생의 "심오한 비밀"이 드러난다.

이 두 연합의 연결은 "남편과 아내로서의 그리스도인의 소명"으로서 중요하다. 그러나 그것은 인간의 이해라는 근본적인 문제와 세상 속에서의 자신의 존재에 대한 자기 이해라는 "*인간에 대한* 일반적인 *[이해]*에 있어서도 동일하게 필수적이고 타당하다." 실제로 이 연결 고리에서 "'몸이 된다는 것'은 무엇을 의미하는가에 대한 답을 찾을 수 있다."(31)

그 의미는 무엇일까? 우리는 그리스도가 사랑하신 것처럼 사랑하라는 부름을 받았다. 이것이 바로 그리스도가 우리에게 주신 새 계명이다. "내가 너희를 사랑한 것 같이 너희도 서로 사랑하라"(요 15:12). 그리스도는 우리를 어떻게 사랑하셨는가? "이것은 너희를 위하여 주는 내 몸이라"(눅 22:19). 최후의 만찬에서 하신 이 말씀으로 그리스도는 우리에게 사랑의 의미를 보여 주셨을 뿐만 아니라, 그분의 죽음과 부활을 통해 우리도 같은 방식으로 다른 사람을 사랑할 수 있도록 하시고, 바로 이것이 우리 몸이 전하는 "이야기"임을 인식할 수 있도록 하셨다.

결혼 후 처음으로 영성체를 받으셨을 때 장인어른이 흘리셨던 눈물을 떠올리게 된다. 나의 장인어른은 그날 인생의 의미, 우주의 의미가 우리 영혼뿐만 아니라 우리 몸에도 새겨져 있다는 것, 즉 성적인 차이라는 '심오한 비밀'과 한 몸이 되라는 부르심을 깨달으셨다. 다음 장에서 더 자세히 살펴보겠지만, 부부가 연합하는 것은 하나님께서 자신의 사랑의 비밀을 드러내기 위해 세상에 주신 '위대한 상징'이다.

Chapter 06

그리스도와 교회를 예표하는 성

[남녀의 사랑]은 무언가 더 깊은 실재를 암시하는 단서이다...이 낯선 친밀감은 우리에게 다른 무언가, 이 세상 밖에 있는 무언가에 대한 그림으로 주어졌기 때문이다.

존 엘드레지

이미 짐작했겠지만 필자는 "아내를 올바르게 사랑하기"라는 책을 쓰지 않았다. 만약 정말 쓰게 된다면 아내 웬디 웨스트와 같이 쓸 것 같다.
결혼 생활을 통해 계속 배운 중요한 교훈은 사랑받기 위해 결점, 죄, 약점을 숨길 필요가 없다는 것이다. 하지만 필자는 성장 과정에서 이와는 상당히 다른 메시지를 받아들였고, 그것은 성인(成人)이 된 지 한참이 지난 지금까지도 바로잡아야 하는 왜곡된 완벽주의를 만들었다.
많은 사람이 성인(saint)이란 모든 것을 완벽하게 갖춘 사람이라고 생각하는 것 같다. 그래서 우리는 그렇게 되기 위해 노력한다. 하지만 이를 "성취하기" 위한 유일한 방법은 우리의 모든 상처를 묻고 그것이 존재하지 않는 척하는 것이다. 원죄 이래 우리는 사랑받지 못할 것이 두려워 하나님과 서로에게서 숨었다. 하나님의 사랑에 대한 믿음은 이러한 두려움을 내쫓고(요일 4:18 참고), 우리가 비난받거나 정죄받지 않고 받아들여지고 용서받으며 치유될 것을 알게 하여 우리의 모든 상처를 빛 가운데로 가져오게 해 준다. "내가 벗었으므로 두려워하여 숨었나이다"(창 3:10)는 이렇게 변한다. "하나님이 나를 사랑하시는 것을 알기에 평안합니다. 그래서 내 자신을 드러냅니다."

이것이 바로 부부가 서로 나누어야 할 사랑, "벌거벗었으나 부끄러워 하지 아니하는" 사랑, 즉 "진정한 평안 가운데 내면의 시선으로 서로를 보고 인식하게 하는 사랑이다."[1] 잘 알다시피, 우리가 "벌거벗음"을 두려워하여 숨는 것은 단순히 육체적인 차원이 아니라 인간의 가장 깊은 영적인 차원에 놓여 있는 문제이다. 하지만 진정한 사랑은 상대방의 허물을 두려워하지 않는다. 사실, 그러한 사랑의 힘은 사랑하는 사람이 넘어질 때, 심지어는 그의 약점이나 죄가 드러날 때 가장 명확하게 드러난다. 진정 사랑하는 사람은 사랑을 거두지 않고 상대방의 결점과 잘못을 온전히 인식하며 더욱더 사랑한다. 왜냐하면 그 사람 자체는 결코 그의 본질적인 가치를 잃지 않기 때문이다.[2]

인간에게 예표가 되는 하나님의 사랑

이 장에서 더 분명히 배우겠지만, 치유하고 구원하는 방식으로 사랑하는 법을 배우기 위해서는 치유하고 구원하는 방식으로 기도하는 법을 반드시 배워야 한다. 성전에 기도하러 간 세리와 바리새인의 비유에서 알 수 있듯이, 자기 의에 가득 찬 사람들은 기도할 때 가면을 쓴다. 하나님의 사랑을 신뢰하는 회개한 죄인들은 가면을 벗었다(눅 18:9~14 참고). 진실하고 친밀한 기도를 통해, 주님이 있는 그대로 우리를 사랑하시도록 하고, 그 사랑이 우리를 정결하게 하사 우리를 본래 만드신 모습이 되도록 해야 한다. 그러면, 우리를 사랑하시는 *하나님의 사랑*을 받음으로써 우리는 타인에 대한 그 사랑을 *예표하는 사람*이 될 수 있다. 이것이 바로 결혼의 본질이다.

앞에서 이미 하나님의 사랑을 예표하는 것으로서 부부의 사랑의 본질에 대해 많이 이야기했다. 이 장에서는 요한 바오로 2세의 가르침을 통해 좀 더 구체적으로 살펴보고자 한다. 먼저 몸에 하나님께서 주신 "언어"가 있다는 생각을 살펴볼 것이다. 그런 다음 그 언어를 진실하게 사용하는 두 부부의 예를 살펴볼 것이다. 첫 번째 부부는 아가서에 나오는 연인이다. 두 번째 부부는 고대 토빗기에 나오는 토비야와 사라다.[3] 각 부부는, 부부의 사랑이 "예표하는 언어"를 다양한 차원으로 이해하는 데 도움을 준다.

결혼을 "예표하는 언어"

이 책의 서두에서 하나님이 상징적인 언어로 우리에게 말씀하신다는 사실에 관해 이야기했다. 모든 피조물은, 전체로서만이 아니라 새 한 마리, 풀잎 하나, 하늘의 별 하나 등 각각의 피조물은 우리에게 말씀하시는 하나님의 신호이다. (우리에게 들을 수 있는 귀가 있다면 그것들은 우리에게 말씀하시는 하나님에게서 오는 신호다.) 창조물을 이런 식으로 보는 데 익숙하지 않다면 "모든 짐승에게 물어보라 그것들이 네게 가르치리라 공중의 새에게 물어보라 그것들이 또한 네게 말하리라 땅에게 말하라 네게 가르치리라 바다의 고기도 네게 설명하리라"(욥 12:7-8). 그들이 당신에게 무엇을 말하는가? 모든 피조물은 하나님이 생명을 주시는 사랑임을 선포한다! 필자는 『이 마음을 채우소서』(Fill These Hearts)라는 책에서 다음과 같이 쓴 적이 있다.

하나님께서 자연계를 통해 우리에게 말씀하신다면, 그분이 가장 좋아하는 주제 중 하나가 짝짓기(mating)와 생식(fertility), 결합(coupling), 생명력(life-givingness)이라는 것은 분명하다. 어디서나 존재하는 이 끝없는 사랑과 생명의 "노래"를 알아차리지 못한다면 틀림없이 눈이 먼 사람이다...귀를 기울여 보자. 그러면 성경에서 하나님의 사랑의 비밀을 속삭이는 "에로스에 대한 송가(ode to eros)"인 아가서를, 모든 자연이 각자만의 고유한 방식으로 노래하는 것을 들을 수 있다. 그리고 자연의 노래는 우리 몸의 "신학"인 *우리* 안에서 절정을 이룬다. 우리 몸은 하나님의 사랑 이야기를 들려준다. 그것은 하나님이 설계하신 남성성과 여성성에 고스란히 담겨 있다.[4]

두 사람의 부르심이 "생육하고 번성하라"(창 1:28)가 아니라면 하나님의 생명을 주는 사랑 이야기를 전하는 남성성과 여성성의 의미는 무엇일까? "이러므로 남자가 부모를 떠나 그의 아내와 합하여 둘이 한 몸을 이룰지로다"(창 2:24). *무엇이 그 이유일까?* 사도 바울은 "영원부터 만물을 창조하신 하나님 속에 감추어졌던 비밀"(엡 3:9)이 이제는 그리스도와 교회를 향한 그의 사랑 안에서 드러났음을 나타내며 그 비밀을 예표한다고 말한다(엡 5:31-32 참고).

그리스도인의 결혼은 교회를 향한 그리스도의 사랑의 참된 모습을 점점 더 많이 닮아가면서 세상에 이를 *예표하겠다*는 약속이다. 실제로 전통적인 기독교 결혼 서약은 "그리스도께서 교회를 사랑하신 것처럼" 사랑하겠다는 약속을 나타낸다. 그러나 이것은 의지적으로 마음으로만 하는 약속이 아니다. 결혼 서약이 마음의 언어, 즉 영의 언어를 표현한다면 그에 상응하는 몸의 언어도 있어야 한다.

몸의 언어

우리는 모두 말하지 않아도 몸의 언어로 말할 수 있다는 것을 안다. 손을 흔드는 것은 안녕 또는 작별을 의미한다. 어깨를 으쓱하는 것은 "모르겠다"는 뜻이다. 주먹을 쥐는 것은 분노를 표현한다.

몸은 성관계에서도 놀랍도록 심오한 언어를 사용한다. "몸짓과 반응을 통해, 긴장과 즐거움의 역동성 전체를 통해…그 역동적인 감정의 직접적인 근원이 되는 행동과 상호 작용을 하는 몸인 남성과 여성의 몸을 통해, 그 사람 전체, 그 인격체가 '말을 한다'…바로 이 '몸의 언어'의 수준에서…남성과 여성은 그들의 남성성과 여성성 덕분에 가장 온전하고 심오한 방식으로 *자신*을 표현한다."[5]

그렇다면 성관계는 무엇을 표현하는 것일까? 그것의 진정한 언어, 진정한 의미는 무엇일까? 성경은 에베소서 5장에서 남자와 여자의 몸의 연합은 거룩한 사랑을 표현하기 위한 것임을 보여 준다. 바로 여기, 결혼을 완성하는 과정에서 부부는 그리스도와 교회가 연합하는 '심오한 비밀'에 가장 완전하게 참여하게 된다(엡 5:31~32 참고). 그들이 인식하든 못하든, 이것이 바로 몸의 언어가 가진 힘이다. 성관계는 영적이고 거룩한 실재를 눈으로 볼 수 있게 예표해 주는 성사적인 것이다.

그러나 에로틱한 사랑이 아가페의 언어를 표현하기로 되어 있다면, 우리가 이 언어를 올바르게 이해해야만 한다. 그리스도의 사랑은 네 가지 특별한 성격으로 구분된다. 첫째, 그리스도는 자신의 몸을 *기꺼이 (freely)* 내어주신다("이를 내게서 빼앗는 자가 있는 것이 아니라 내가 스스로 버리노라," 요 10:18). 둘째, 그는 아무런 조건이나 이기적인 계산 없이 자신의 몸을 *온전히(totally)* 내어주신다("끝까지 사랑하시니라," 요 13:1). 셋째, 자신의 몸을 *신실하게(faithfully)* 내어주신다("너희와 항상 함께 있으리라," 마 28:20). 넷째, 자신의 몸을 *결실을 맺도록(fruitfully)* 내어주신다("내가 온 것은 양으로 생명을…얻게 하려는 것이라," 요 10:10). 남성과 여성이 가짜 사랑의 함정을 피하고 자신의 소명대로 온전히 살기 위해서는 그들의 연합이 그리스도의 몸이 표현하는 것과 같이 *기꺼이 온전하고 신실하게, 열매 맺는* 사랑을 표현하기 위해 노력해야 한다.

이러한 사랑의 또 다른 이름은 결혼이다. 이것이 바로 기독교의 결혼에서 신랑 신부가 약속하는 것이다. 전통적인 기독교의 혼인 예식에서 주례는 신랑 신부에게 이렇게 묻는다. "두 사람은 결혼을 통해 *아무런 조건 없이 기꺼이* 서로에게 자신을 내어주기 위해 이곳에 섰습니까? 평생 *신실하게* 살겠다고 약속합니까? 하나님께서 주시는 *자녀*를 사랑으로 *받을 것*을 약속합니까?"라고 묻는다. 신랑과 신부는 각각 '예'라고 대답한다.

결국, 부부는 한 몸이 될 때마다 *몸*으로 동일한 '예'를 표현하도록 되어 있다. "사실 '나는 당신을 아내/남편으로 맞이하여'라는 말 자체는 부부의 성관계를 통해서만 성취될 수 있다."[6] 부부의 성관계를 통해 "우리는 이 말에 상응하는 실재로 넘어간다." 혼인 서약의 말과 부부의 성관계 행위는 모두 "*성사적 예표의 구조와 관련하여* 중요하다."[7] 성관계는 혼인 서약의 언어가 *육신이 되는* 지점이다. 남성과 여성이 하나님의 사랑을 *육신이 되도록* 해야 하는 지점이다. 부부가 특별한 기념일에 다시 교회를 찾아 혼인 서약을 새롭게 하는 것은 좋은 일이다. 하지만 그렇다고 남편과 아내가 성관계를 가질 때마다 몸의 언어로 혼인 서약을 새롭게 하는 것이라는 사실을 약화시켜서는 안 된다.

팀 켈러는 "성경은 언약을 새롭게 하는 의식으로 가득 차 있다."고 한다. "언약을 새롭게 하는 궁극의 의식은 성만찬이다." 우리는 성만찬을 통해 "그리스도와 하나 됨을 새롭게 하고 깊게 하는 방법으로서 그리스도 안에서 우리의 온전한 헌신과 연합을 재현한다." 마찬가지로 성적인 결합은 "혼인의 언약으로 경제적, 법적, 개인적, 심리적 등 모든 영역에서 불가분의 하나가 된 것을 물리적으로 재현하는, 언약을 새롭게 하는 의식"이다. 성관계는 결혼의 언약을 새롭게 하고 활력을 불어넣는다."[8]

기독교 성 윤리는 이 렌즈를 통해 볼 때 완벽하고 아름다운 의미를 갖기 시작한다. 이것은 성과 관련하여 고상한 체 하는 금지 목록이 아니다. 그것은 우리 본연의 "위대함," 즉 하나님이 주신 고유의 존엄성을 받아들이라는 요청이다. 그것은 우리가 그토록 열렬히 원하는 사랑인 창조된 목적대로의 사랑을 실천하라는 부르심이다.

참 예언자와 거짓 예언자 구별하기

요한 바오로 2세는 몸과 성적 결합을 "예언적"이라고 묘사하기까지 한다. 예언자는 하나님의 말씀을 전하고 그분의 비밀을 선포하는 사람이다. 부부간의 성적 결합이 바로 이러한 비밀을 전하는 것이다. 하지만 우리는 참 예언자와 거짓 예언자를 구별하는 것에 주의해야 한다.[9] 몸으로 진리를 말할 수 있다면 거짓도 말할 수 있다.

우리는 모두 몸으로 거짓말을 할 수 있다는 것을 알고 있다. 예를 들어, 중고차 판매원이 고의로 당신에게 불량품을 팔면서 악수를 청한다고 가정해 보자. 그는 방금 몸으로 거짓말을 하지 않았는가? 유다의 입맞춤은 어땠는가? 그것은 거짓말이었다. 누가 우리에게 몸으로 거짓말을 하라고 부추긴다고 생각하는가? 거짓의 아비는 우리가 몸으로 그의 언어를 말하게 하는 데 열심이다. 왜 그럴까? 그리스도와 교회의 연합이라는 '심오한 비밀', 즉 영생으로부터 우리를 멀어지게 하기 위해서이다.

인간의 영혼을 위한 싸움이 인간의 몸에 관한 진리를 둘러싸고 벌어지고 있음을 기억하자. 몸이 모든 노래 중에서 가장 위대한 노래인 아가서를 부르게 되어 있다면, 이 노래를 싫어하는 적이 있음을 알아야 한다. 그 적은 그 노래에서 나오는 하나님과 인간의 화합을 싫어하고 간절히 자신의 불협화음을 집어넣기 원한다. 하나님이 우리 몸을 그의 사랑과 생명을 예표하도록 설계하셨다면, 원수는 정욕과 죽음으로 그 표적에 맞서려 한다. 이것이 부부가 "남편과 아내로 연합할 때, 그들이...*선과 악의 세력이 서로 싸우는 상황*에 부닥치게 되는" 이유이다. 사실 그들의 선택과 행동은 "그 둘의 연합 속에서 인간의 존재라는 모든 무게를 다 책임지고 있다."[10]

그렇다면 이러한 냉혹한 싸움 속에서 남성과 여성은 사랑과 생명이 승리할 것이라고 어떻게 확신할 수 있을까? 요한 바오로 2세는 아가서의 연인과 토비야와 사라의 결혼을 정욕과 죽음을 이긴, 사랑과 생명의 승리를 보여 주는 두 가지 빛나는 사례로 꼽는다.

고통와 환희

결혼은 교회를 향한 그리스도의 사랑을 예표하므로, 부부는 결혼 생활을 통해 십자가의 고통과 부활의 기쁨을 모두 경험할 수 있다. 아가서가 한 몸이 되는 *환희*를 나타낸다면, 토비야와 사라의 결혼은 *고통*을 나타낸다. 이 두 가지를 함께 품어야만 결혼에 대한 현실적인 비전을 얻을 수 있다.

멜린다 셀미스(Melinda Selmys)는 "이혼: 지옥의 이미지와 닮은 꼴"(Divorce: In the Image and Likeness of Hell)이라는 제목의 글에서 많은 기독교인이 결혼에 대해 자주 말하는 달콤하고 경건한 용어에 대한 좌절감을 솔직하게 이야기한다. "신학자들은 우리의 결혼 생활이…그리스도와 교회의 연합의 이미지라고 이야기한다. 우리는…두 사람이 하나가 되는 기쁨에 관한 이야기를 듣는다." 힘든 시간이 오면 "대화하는 방법을 개선해서 다시 사랑에 빠지고, 사랑이 넘치는 순간을 알아채도록 하라"는 등등의 말을 듣는다.

그런 다음 그녀는 실제 결혼 생활의 너무나도 현실적인 경험과 이러한 상투적인 표현을 대조시킨다. 그녀의 질문이다. "그러나 마음을 아프게 하고 다른 여자와 잤던 무정한 짐승과 어떻게 다시 사랑에 빠질 수 있을까? 아내가 성관계를 동의하는 날은 오직 화성이 처녀자리에 있는 보름달이 뜨는 때뿐이고 그나마 죽은 개구리의 열정으로 사랑을 나눈다면, 어떻게 당신의 성생활을 복된 삼위일체의 친밀한 생명의 이미지로 볼 수 있을까?"[11] 이 마지막 문장을 처음 읽었을 때 웃어야 할지 울어야 할지 몰랐다. 어떤 이유에서든 교계에서 이렇게 잔인할 정도로 솔직한 글은 드문 것 같다. 마치 결혼에 대한 성경의 가르침을 홍보하는 사람들이 예수님을 따르며 겪는 실제 고통에 관해 이야기하면 잘 받아들여지지 않을까봐 두려워하는 것 같다. 그래서 우리는 그리스도인의 삶의 영광만을 편리하게 홍보하지만, 슬픔을 현실적으로 평가하지는 않는다.

결혼은 혼란스럽고 고통스러운 일이다. 부부가 그리스도께서 사랑하신 것처럼 사랑하려면, 어떻게 달라질 수 있을까? 그리스도의 결혼은 그분의 *고난과 죽음*을 통해 완성되었다. 셀미스의 말처럼, 결혼 생활이 "이 같은 고통, 눈물과 피가 섞이는 것, 우리 두개골을 파고드는 가시, 손바닥을 관통하는 못과 같은 것"을 포함한다는 뜻이다. 기독교가 성을 폄하한다고 믿는 사람들이 많다는 점을 고려할 때, 아가서에 예시된 것처럼 진정한 성경의 가르침은 배우자를 부르는 영광과 기쁨을 *강조해야만 한다*. 그러나 이러한 영광과 기쁨은 토비야와 사라의 결혼에서 예시된 것처럼 정결하게 하는 숱한 고통을 받아들인 결실이다. 만약 기쁨이 우리 앞에 놓여 있지 않다면 우리는 고통을 견딜 동기가 없을 것이다. "그 앞에 있는 기쁨을 위하여 [그리스도께서] 십자가를 참으사"(히 12:2). 그러나 우리가 그 기쁨으로 가는 길을 현실적으로 평가하지 않는다면, 결혼이 왜 그렇게 어렵고 고통스러울 수 있는지 그저 궁금하기만 할 것이다.

고통과 환희, 이 두 가지를 함께 생각해야 제대로 된 그림을 그릴 수 있다. 아가서를 보면 환희에 대한 그림이 먼저 떠오른다.

에로틱한 사랑에 대한 성경의 찬가

팀 켈러는 아가서는 "성적인 쾌락에 대한 노골적인 기쁨으로 가득 차 있다"라고 말한다. 따라서 그는 이 노래가 "경건한 사람들에게는 매우 불편할 수 있다"라고 지적한다.[12] 에로틱한 사랑을 부끄럼 없이 기념하는 책이 왜 기독교 역사상 가장 위대한 성인들과 신학자들이 성경에서 가장 좋아하는 책 중 하나인지 묻지 않을 수 없다. 그들은 우리가 알아야 할 그 무언가를 알고 있는 걸까?

초대 교회의 가장 위대한 지성인 중 하나였던 니사의 그레고리오스는 인간의 본성은 "아가서에 담긴 비밀"보다 "더 위대한 것을 발견하거나 즐길 수 없다"고 하면서 그 해답을 제시한다. '최고의 노래'라는 의미인 아가서의 영문 제목(the Song of Songs) 자체가 갖는 최상급의 성격은 그리스도께서 "아가서를 통해 우리에게 비밀 중의 비밀을 가르쳐 주시겠다고 약속하신다"는 점을 말해 준다. 그리고 그 매개체는 "에로틱한 사랑의 열정"이라고 그레고리오스는 우리에게 알려 준다. 이 "가장 강렬하고 즐거운 활동은…가르침을 주는 지침의 가장 앞에 놓인 모형과 같아서, 주님께서 '땅에 던지러'(눅 12:49) 오신 그 '불'로 우리 영혼이 뜨거워지고…사랑으로 끓어오르는 것이…필요하다는 것을 배울 수 있도록 한다."[13]

이 책을 통해 곰곰이 생각해 본 것처럼, 하나님의 영원한 계획은 우리와 혼인하셔서 성경에서 한 몸을 이루는 부부의 연합과 비유되는 영원한 사랑의 연합으로 우리와 함께 사시는 것이다. 아가서는 성경적인 신앙의 핵심으로 우리를 안내한다. 그 핵심은 바로 우리의 가장 깊은 열망인 하나님과의 혼인 연합에 들어갈 수 있다는 것이다. 아가서의 에로틱한 사랑의 시는 우리에게 끝 없는 혼인 잔치로 가는 문을 열어 준다. 말하자면 아가서는 하늘의 사랑 노래를 지상의 음계로 바꾸어 우리가 음을 맞출 수 있게 해준다.

그러나 아가서는 하나님의 "영적인" 사랑에 대한 단순한 비유만이 아니다. 점점 더 많은 성경 학자들은 "아가서를 있는 그대로 인간의 사랑에 대한 노래로 받아들여야 한다"라고 주장한다. 왜냐하면 "인간의 사랑은 하나님께서 창조하시고 축복하셨으므로 성령의 감동을 받은 성경의 주제가 될 수 있기 때문"이다.[14] 요한 바오로 2세는 "연인을 잊었거나" "가식으로 연인을 겁에 질리게 만든" 사람들은 아가서를 올바르게 해석하지 못한다는 루이스 알론소 셰켈(Luis Alonso Schökel)의 견해에 동의하는 것 같다. "배우자의 인간적인 사랑을 믿지 않는 사람, 그 몸에 대해 용서를 구해야만 하는 사람은 더 높이 올라갈 권리가 없다...반면 인간의 사랑을 긍정하면 그 안에서 하나님의 계시를 발견할 수 있다."[15]

이것은 성육신적 실재의 본질적인 요소를 확인시켜 준다. 은혜, 즉 하나님의 생명과 언약적 사랑의 신비는 인간임에도 불구하고 전달되는 것이 아니라 인간이라는 "원료"를 *통해* 전달된다. "아가서의 내용은 성적인 동시에 성스러운 것이다." 우리가 성스러운 부분을 무시하면 아가서는 단지 세속적인 에로틱한 시로만 여겨지게 된다. 그러나 성적인 것을 무시하면 연인의 육체적이고 관능적인 실체를 무시하는 *비유적 해석*에 빠지게 된다. "이 두 가지 측면을 함께 고려해야만 이 책을 올바른 방식으로 읽을 수 있다."[16]

이 장에서 우리의 목표는 하나님의 생명과 사랑의 육체적 상징으로서 결혼의 인간적 차원을 고찰하는 것임을 기억하자. 이것이 바로 아가서의 에로틱한 시가 우리에게 도움을 주는 것이다.

"누이"로서의 신부

흥미롭게도 아가서의 연인은 사랑하는 사람을 "신부"라고 부르기 *전에* "누이"라고 반복해서 언급한다. "내 누이, 내 신부야 네가 내 마음을 빼앗았구나 네 눈으로 한 번 보는 것으로 내 마음을 훔쳤구나...내 누이, 내 신부야 네 사랑이 어찌 그리 아름다운지!"(아 4:9-10). 요한 바오로 2세는 이 단어가 "특별한 내용을 담고 있다"고 한다.[17] 아가서에 나오는 연인들은 "같은 가족의 일원으로, 어린 시절부터 같은 가정의 추

억으로 결속된 것처럼 느껴진다. 이로써 그들은 같은 어머니에게서 태어난 형제자매처럼 서로 가깝게 느끼게 된다."[18]

진정한 부부의 사랑은 항상 배우자를 같은 인간성을 공유하는 형제자매로 인식한다. 남녀 모두 하나님의 형상과 모양대로 지음 받았다. 이처럼 사랑하는 사람을 먼저 "누이"로 인정하는 것은 "이는 내 뼈 중의 뼈요, 살 중의 살이라"(창 2:23)는 아담의 말을 떠올리게 한다.

여성을 먼저 "자매"로 인식하는 생각은 보통 여성에게 큰 안도감을 주지만, 남성에게는 상당히 힘겨운 일이 될 수 있다. 좀 더 구체적으로 말하자면, 남성은 동기를 평가하라는 요구를 받게 된다. 그 동기가 사랑의 열정 때문인가, 아니면 단순히 이기적인 욕정에 의한 것인가, 자신을 진정으로 내어주는 선물이 되고자 하는가, 아니면 단순히 자신을 만족시키려는 욕망을 위해서인가? 보통의 남성은 자매에 대해 강한 욕정을 느낀다는 생각에 질겁한다. *따라서 남성은 자기 신부에 대해 강한 욕정을 느낀다는 생각에도 마찬가지로 질겁해야 한다!* 이것이 바로 요점이다. 아가서의 연인은 이 도전을 받아들이고, 그의 사랑하는 사람을 "누이"라고 부르는 것을 주저하지 않았다. 이러한 인식을 통해 그는 "신부"인 그녀에 대한 그의 욕망이 욕정이 아니라 사랑임을 증명한다. "*사심 없는 애정*"[19]으로 그 연인은 오직 하나님의 형상을 따라 사랑하는 이에게 진정한 선물이 되기를 원한다.

의심의 여지가 없도록, 이러한 사심 없는 애정은 사랑의 열정과 즐거움을 약화시키지 않고 오히려 더 강화시킨다는 점을 분명히 해 두겠다. 정결한 사랑은 남자와 여자를 향한 완전한 하나님의 본래 계획을 회복하는 것이다. C. S. 루이스는 "기독교의 옛 스승들은 인간이 타락하지 않았다면 성적 쾌락은 지금보다 작아지기는커녕 오히려 더 커졌을 것이라고 말했습니다."라고 말한다.[20] 이게 분명히 아가서의 연인들이 경험하는 것 같다.

잠근 동산, 봉한 샘

신랑은 "내 누이, 내 신부는 잠근 동산이요 덮은 우물이요 봉한 샘이로구나"(아 4:12)라고 말함으로써 자신의 사랑의 진정한 성격을 더욱 잘 보여 준다. 이러한 비유는 한 몸이 되는 연합과 매우 밀접한 관계를 유지하며, 그 신비, 특히 여자의 신비를 이해하는 데 도움을 준다. 이러한 표현은 연인들의 연합의 너무나 심오한 인격적 차원과 의미를 전달하는 데 있어 탁월하다. "비유적 언어, 즉 시적 언어는 이 영역에서 특히 적절하고 정확한 것 같다."[21]

"잠근 동산"과 "봉한 샘"이라는 두 비유는 모두 여성의 성에 대한 인격적인 존엄성 전체를 표현한다. 몸은 인간을 표현하는 것이기 때문에 이 비유들은 여성의 몸의 신비와 여성의 인간성의 신비에 대한 깊은 경외심을 표현한다. 이러한 표현은 "신부는 *자신의 신비의 주인으로서 신랑에게 자신을 보여 준다*"는 뜻이다.[22] 아가서에서 신랑이 했듯이 신랑은 신부를 지배하거나 통제할 수 없으며, 지배하거나 통제해서는 안 된다는 사실을 존중해야 한다. 신부는 자신의 "신비", 자신의 인격을 통제할 수 있다. 모든 인간은 하나님 그분의 비밀을 고유하게 반영하는 침범할 수 없는 신비이다.

요점은 진정한 사랑은 상대방의 신비를 침해하지 않으면서 상대방의 신비 속으로 들어가는 것이다.[23] 만약 어떤 사람의 "사랑"이 사랑받는 사람을 침해한다면 그것은 사랑이 아니며 사랑이라고 불러서도 안 된다. 그것은 가짜 사랑인 욕정이다. 신랑이 여자의 신비를 침해하지 않으면서 이 동산에 들어가려면, 그는 난입하거나 문을 부수어서는 안 된다. 또한, 그녀가 열쇠를 넘기도록 조종할 수도 없다. 아내를 "그녀의 고유한 신비의 주인"으로 존중하려면 남편이 할 수 있는 일은 아내의 자유에 자신을 맡기는 것 뿐이다. 그가 할 수 있는 것은 동산의 문을 두드리고 정중하게 아내의 답변을 기다리는 것뿐이다.

아가서의 연인은 다음과 같이 자신이 바라는 바를 분명히 하면서 선물을 시작한다. "나의 누이, 나의 사랑, 나의 비둘기, 나의 완전한 자야 문을 열어다오 내 머리에는 이슬이, 내 머리털에는 밤이슬이 가득하였다"(아5:2). 그녀는 그의 말을 듣는다. "나의 사랑하는 자의 소리가 들리는구나"(5:2). 그러나 그는 조금도 강요하거나 조종하는 것 없이, 그녀가 기꺼이 문을 열기를 바라며 "문틈으로 손을 들이"밀었다(5:4). 완전한 자유 속에서 그녀는 그에게 자신을 맡긴다. 자신의 동산 문을 열어 그에게 준다. "북풍아 일어나라 남풍아 오라 나의 동산에 불어서 향기를 날리라 나의 사랑하는 자가 그 동산에 들어가서 그 아름다운 열매 먹기를 원하노라"(4:16).

결국, 이들의 사랑의 대화 속에서 *"신랑의 혼과 육의 눈 앞에서 어떻게 '잠근 동산'이 열린다."*[24] 그리고 깊은 존경과 경외심("경외함으로 피차 복종하라...")으로 그는 그녀의 신비가 드러나는 것을 바라본다. 그는 그녀가 기꺼이 열어 준 동산을 경외함으로, 그녀의 선물에 기뻐하며 그녀에게 들어간다. "내 누이, 내 신부야 내가 내 동산에 들어와서 나의 몰약과 향 재료를 거두고 나의 꿀 송이와 꿀을 먹고 내 포도주와 내 우유를 마셨으니"(아 5:1).

이 대담한 에로틱한 구절은 진정한 사랑의 비밀을 드러낸다. 부부의 황홀한 사랑은 "거룩함을 본질적으로 예표"한다.[25] 즉, 아가서의 부부는 몸의 진정한 언어를 하나님의 사랑의 표시로 정확하게 읽고 있다. 따라서 이들은 혼인의 인간적 차원(인간적 사랑과 성적 결합) 덕분에 (하나님의 사랑과 은혜라는) 결혼의 신성한 차원에 참여하게 된다.

나로 봉인하라

결혼을 완성하는 순간으로서의 성관계는, 부부가 죽을 때까지 결혼이라는 유대를 통해 그 둘을 하나로 묶어 주는 특정한 순간이다. 이런 식으로 "남녀가 함께 서로 자신을 내어주는 선물을 예표하며, 이는 *그들의 인생 전체를 완성시키는 것*"이 된다.[26]

이것이 바로 하나님이 설계하신 성적인 결합의 힘과 의미이다. 성관계에는 다음과 같이 선포하는 언어가 있다. "나는 죽을 때까지 전적으로 당신의 것입니다. 죽음이 우리를 갈라놓을 때까지 나는 당신의 것이고 당신은 나의 것입니다."

성적인 결합이 단지 결혼 "안"에 속해 있는 것만은 아니다. 오히려 하나님께서 설계하신 성적 결합은 결혼 서약 그 자체를 표현하는, 본질적으로 혼인의 의미를 지닌다. 그래서 성관계를 혼인의 포옹(*marital embrace*)이라고 부르는 것이다. 성관계는 "죽음처럼 강한" 사랑을 표현할 때에만 그 의미가 있다. 신부의 다음 말은 그녀가 이 사실을 알고 있었다는 점을 확인해 준다. "나를 도장 같이 마음에 품고,...사랑은 죽음 같이 강하고...불길 같이 일어나니...많은 물도 이 사랑을 끄지 못하겠고 홍수라도 삼키지 못하나니"(아 8:6-7).

요한 바오로 2세는 이 말이 아가서가 선포하는 사랑의 절정으로 우리를 이끈다고 한다. 이 말은 아가서의 마지막 화음, 즉 "'몸의 언어'로 된 마지막 화음"을 보여주는 것 같다. "사랑은 죽음만큼 강하다"는 구절을 읽을 때, 우리는 "'잠근 동산'과 '봉한 샘'이라는 비유로 시작하는 아가서의 "모든 것이 종결되고 완성되는 것"을 발견한다.⁽²⁷⁾

이렇게 말하면서 그 연인은 단순히 사랑하는 그녀의 몸에만 끌리는 사람이 아닌 것으로 자신을 묘사했다. 오히려 그는 여성으로서의 그녀의 모든 신비에 사로잡히고 매료된 사람으로 자신을 표현했다. 그는 그녀의 여성성이 지닌 그 모든 인격적 존엄성을 인정할 준비가 된 사람으로 자신을 나타냈다. 죽음에 이르기까지 그녀를 한 인격적인 여성으로, 누이이자 신부로서 존중하기 원하는 사람으로 자신을 표현했다. 여기서 우리는, 그가 자신의 *평생*을 기꺼이 바칠 준비가 되어 있다는 확신을 줄 때에만, *그가 자신의 마음을 그녀로 봉인했다*는 확신이 설 때에만, 그의 사랑이 *죽음처럼 강할 것*이라는 확신이 있을 때에만 그녀가 자신의 신성한 동산을 연인에게 열어 주고 침범할 수 없는 상태를 유지할 수 있다는 것을 알 수 있다. 죽음처럼 강한 그 사랑을 결혼이라고 한다.

성적인 사랑은 영원한 것으로 여겨진다는 것을 알기 위해 성경이 필요하지는 않다. 영원은 마음이 갈망하는 것이다. 라디오를 켜면 영원히 지속되는 사랑을 열망하는 노래는 끝없이 나온다. 성경은 성관계는 영원한 사랑(즉, 부부의 사랑)을 표현하도록 되어 있는 것이라고 가르치면서 우리 영혼의 가장 깊은 곳에서 솟아나는 노래에 그저 충실하라고 우리를 초청한다. 이 최고의 노래를 들어 보라!

성적 결합은 생사가 걸린 시험이다

아가서에 나오는 연인들이 진정한 사랑과 욕정을 구별하도록 도움을 준다면, 고대 토빗기⁽²⁸⁾에 나오는 토비야와 사라의 결혼은 이를 구별하는데 무엇이 걸려 있는지를 잘 보여 준다. 토비야와 사라는 결혼의 첫 순간부터 생사가 걸린 시험과 마주해야 했다. "아가서의 부부가 말했던 '죽음처럼 강한' 사랑은...여기서 실제로 시험의 성격을 지닌다."[29]

이야기에 따르면 사라는 이미 일곱 번 결혼했지만, 악마 때문에 신랑이 모두 그녀와 첫날밤을 치르기 전에 죽었다(일곱 번이나 연속으로 실망스럽게 끝나는 신혼여행에 대해 이야기한다! 토빗기 6:13-14). 그 다음에 천사가 토비야에게 나타나 사라와 결혼해야 한다고 말한다. 요한 바오로 2세는 예리한 관찰력을 통해 토비야가 두려워할 만한 이유가 있었다고 말한다. 사실 결혼식 날, 사라의 아버지는 이미 토비야의 무덤을 파고 있었다(토빗기 8:9)!

토비야는 용감하게 그 시험에 맞섰다. 그는 사라를 아내로 맞이하고 신방에 들어가 결혼을 완성하고도 살아남았다. 그는 어떻게 살아남았을까? "신혼 첫날밤의 *시험에서 기도로 뒷받침되는 사랑은 죽음보다 강하다는 것이 드러났기*" 때문이다.[30] 사랑은 "기도하기 때문에 승리한다."[31] 토비야와 사라의 기도를 주의 깊게 살펴보자. "몸의 신학"에서 논의한 모든 내용이 이 기도문에 잘 요약되어 있다.

"오 하나님이여, 당신의 거룩하고 영광스러운 이름이 영원토록 찬송받으소서...당신은 아담을 지으시고 하와를 돕는 배필이자 조력자인 아내로 주셨습니다. 당신은 '사람이 혼자 사는 것이 좋지 아니하니 내가 그를 위하여 돕는 배필을 지으리라'라고 말씀하셨습니다. 주님, 이제 저는 정욕 때문에 이 자매를 취하는 것이 아니라 진실한 마음으로 취하려고 합니다. 제게 자비를 베푸시사 그녀와 함께 늙어갈 수 있도록 허락해 주십시오." 그러자 그녀가 그와 함께 "아멘"이라고 답하였다(토빗기 8:5-8).

요한 바오로 2세는 이 기도를 "부부의 신조(conjugal creed)"라고 설명한다.(32) 이 신조는 새 배우자의 마음속 깊은 사랑에서 비롯되며, 생명을 주는 몸의 언어로 표현된다. 따라서 이 신조는 그들의 마음에 정욕을 심고 그들의 몸에 죽음을 심으려는 악마의 음모에 대한 확실한 해독제 역할을 한다. 토비야는 먼저 하나님의 선하심을 찬양한다. 그런 다음 그리스도께서 우리에게 가르쳐 주신 대로, 결혼에 대한 하나님의 원래 계획을 마음에 둔다. 그는 아가서에 나오는 연인처럼 사라를 "자매"라고 부른다. 그는 *정욕*을 자신을 *진정 내어주는 선물*과 대조한다. 그는 진실된 사랑으로 살아내기 위해 하나님의 자비가 필요하다는 것을 알고, 그녀와 평생을 함께하기를 갈망한다. 사라의 "아멘"은 그들이 같은 소망을 품고 있음을 보여 준다.

사라에 대한 토비야의 사랑은 교회를 향한 그리스도의 사랑의 한 유형이다. 예수 그리스도는 십자가의 "혼인 침상"에서 죽음을 마주보며 교회에 대한 사랑을 완성하고 새 생명으로 부활함으로써 죽음을 정복하셨다. 토비야도 결혼 침대에서 죽음을 정면으로 응시하고 (그리스도와 같은) 희생적인 사랑으로부터 영감을 받아 죽음을 정복했다. 일곱 명의 남자는 굴복했지만 토비야는 결혼을 완성하고 살았다!

성적인 결합이 생사가 달린 시험이라면, 부부의 진정한 사랑 앞에서는 죽음이 이길 수 없다. "사망아 너의 승리가 어디 있느냐 사망아 네가 쏘는 것이 어디 있느냐?"(고전 15:55). 하나님의 은혜로 하나님의 본래 계획에 따라 서로를 사랑하고, 서로를 제대로 사랑하지 못할 때에는 하나님의 자비를 신뢰하는 부부는, 이 시험을 두려워하지 않는다. 사랑은 선의 승리를 확신하고 선이 승리할 수 있도록 모든 것을 할 준비가 되어 있으므로...그들은 "선악의 세력 사이에 기꺼이 자신을 놓을 준비가 되

어 있다."⁽³³⁾

기도로서의 부부의 사랑

우리는 에베소서 5장에서 말하는 "심오한 비밀"에 대해 이미 많이 배웠다. 하나님의 사랑을 인간적으로 예표하는 결혼을 다룬 장의 마지막 부분에서 요한 바오로 2세는 한 몸으로 연합하는 것의 심오한 의미를 더욱 깊이 있게 재확인하기 위해 이 고전의 본문으로 돌아간다. 그는 결혼을 성례적으로 예표하는 것이 사랑의 진리 안에서 다시 읽혀지는 몸의 언어에 기초하고 있다면, 에베소서 5장은 사랑의 진리 안에서 다시 읽혀지는 이 예표를 명확하게 표현해 준다.

아가서에는 "주관적인 의미가 넘치는 몸의 언어"가 담겨 있다. 다시 말해, 아가서에 나오는 연인들의 이중주는 토비야와 사라의 이야기처럼 어떤 식으로든 우리가 그들의 내면적이고 주관적인 사랑의 경험으로 들어갈 수 있게 해준다. 반면 에베소서 5장은 "이 언어를 '객관적으로' 확인해 주는 내용을 전부 다 담고 있다."⁽³⁴⁾ 여기서 우리는 한 몸으로의 연합이 그리스도와 교회의 사랑을 표현하고 선포하기 위한 "심오한 비밀"이라는 것을 읽게 된다. 어떤 부부가 주관적으로 무엇을 표현하든 상관없이 에베소서 5장은 몸의 언어가 항상 *마땅히* 표현해야 하는 객관적인 진리를 제시한다.

모든 결혼 생활의 (평생의 도전이기도 한) 내부 목표는 부부가 성적인 결합에 있어 *주관적으로* 표현하는 것이 하나님의 계획의 *객관적인* 진리를 확인하도록 하는 것이다. 수많은 부부가 증언하듯, 단순히 결혼한다고 성적인 결합이 거룩하고 아름다워지지는 않는다. 결혼은 성의 참된 영광과 거룩함을 경험하기 위한 객관적인 전제 조건이다. 그러나 부부가 내적으로 지향하며 갈망하는 그 부부의 *정신(ethos)*은 그 인격의 참된 존엄성과 부부의 사랑이라는 참된 의미에 부합해야 한다. 물론 이것은 평생의 변화와 치유를 요구한다. 한마디로 평생 깊이 기도하며 살 것을 요구한다.

앞서 살펴본 것처럼 가면을 벗을 줄 알아야 기도할 수 있다. 우리를 사랑하시는 주님께 우리 자신을 있는 그대로 드려야 주님께서 우리를 정결하게 하고 변화시킬 수 있다. 토비야와 사라가 결혼하기 전 신방에서 주님께 기도로 간구한 것이 바로 이런 모습이다. "'주님, 이제 저는 정욕 때문에 이 자매를 취하는 것이 아니라 진실한 마음으로 취하고자 합니다. 제게 자비를 베풀어 주소서.'…그리고 그녀는 그와 함께 '아멘'이라고 답했다"(토빗기 8:7-8 RSV). 여기서 우리는 배필로서 몸이 지니는 의미를 모든 진리로 표현하고자 할 때 부부가 반드시 복종해야 하는 정결하게 되는 순간을 목격한다.

객관적 현실과 주관적 경험 사이의 이러한 심오한 통합이 이루어질 때, 부부는 몸의 언어를 *예배의 언어*로 경험하게 된다.[35] 이러한 생각은 우리를 부부의 사랑에 있어 가장 가치 있는 최고봉으로 이끈다. 여기서 우리는 '심오한 비밀'의 문턱을 넘어 성적인 것과 성스러운 것의 가장 깊은 연합 속으로 들어간다.

오늘날 일부 기독교계에서 "예배"는 오명을 얻었다. 고대인들에게 예배는 하나님의 백성이 하나님의 일에 참여하는 것을 의미했다. 하나님의 일이란 무엇보다도 그리스도의 죽음과 부활을 통해 성취된 구속의 "심오한 비밀"을 의미한다. 부부의 사랑이 "예배"라고 말하는 것은 이 "심오한 비밀"에 참여한다고 말하는 것이다. 십자가는 그리스도께서 결혼을 완성하신 곳이다. 따라서 부부란 "십자가 상에서 일어난 일을

교회에 영원히 상기시키는 존재"이다.⁽³⁶⁾

예배는 또한 하나님께 경배하는 것을 교회가 기념하는 것이다. 하나님께서 계획하신 "심오한 비밀"에 따라 살아갈 때, 성관계 그 자체가 심오한 기도가 된다. 그것은 하나님의 생명과 사랑을 나누는 기쁜 선물에 대해 하나님께 드리는 감사의 행위, 즉 "성만찬"(eucharistic)이 된다. (그리스어 유카리스티아(*eucharistia*)는 "감사"를 뜻한다.) 이 비유에 따르면, 부부의 침대는 부부의 몸을 하나님이 기뻐하시는 거룩한 산 제물로 드리는 제단이라고 볼 수도 있다. 이것이 바로 그들의 영적 예배 행위이다(롬 12:1 참고).

20세기의 성 혁명이 성을 숭배할 우상으로 만들었다면, 필자가 『천국의 노래』(Heaven's Song)에서 말한 것처럼, 기독교 혁명은 "*성관계를 숭배받는* 무언가에서 *예배하는* 것으로 변화시켰다."⁽³⁷⁾

혼인 연합으로서의 기도

부부의 성관계에 대한 이러한 고상한 관점은 일부 사람들에게는 끔찍하게 비현실적이고 심지어 바람직하지 않은 것처럼 보일 수도 있다. "섹스가 기도로 여겨진다고요? 남편이 그런 걸 좋아할 리가 없잖아요!" 또는 "누가 섹스가 기도와 같아지길 원합니까? 완전 흥이 깨지잖아요!"

배우자가 "기도와 같은 성생활"을 추구하는 데 관심이 없을 수도 있지만, 위에 언급된 감정들은 성관계와 기도에 대해 심각하게 왜곡된 개념을 반영한다. 기도를 흥미를 잃게 만드는 것으로 본다면, 진정한 기도는 정말 음욕을 잃게 하는 게 맞다. 그러나 진정한 기도는 고결하고 깊이 흐르는 진정한 에로스의 열정을 불어넣는다. 사실 어거스틴과 요하네스 크리소스토무스로부터 아빌라의 데레사(Teresa of Ávila)와 성 십자가의 요한(John of the Cross)에 이르기까지 기독교 역사상 가장 위대한 성인과 신학자들은 기도를 설명하는데 에로틱한 사랑의 언어보다 더 좋은 언어를 찾지 못했다.

이러한 관점에서 기도는 신부가 신랑에게 항복하는 것과 비슷하다. 성경에 나오는 부부의 비유를 진지하게 받아들이려면, 기도할 때 주님과의 연합, 즉 부부로서의 연합, 혼인 관계의 연합을 추구한다는 사실을 인식해야 한다. 즉, 하늘에 계신 신랑이 우리 마음에 들어오셔서 우리를 *기꺼이, 온전히, 신실하게, 열매를 맺으며* 사랑하실 수 있도록, 하나님 앞에서 "벌거벗을"(무화과 잎 또는 우리의 가면을 벗을) 용기를 가져야 한다는 뜻이다. 요한 바오로 2세는 "거룩한 성경 말씀에 따르면 하나님께서는 그분 앞에 완전히 '벌거벗은' 피조물에 충만하게 임하신다"라고 했다.[38]

"몸의 신학"에서 배우는 것은 우리가 하나님과 혼인하여 연합하여 사는 정도까지만 이 땅에서의 배우자와도 진정 혼인으로 연합하여 살 수 있다는 것이다. 이것이 바로 한 몸이 되는 것, 즉 하나님과의 하나 됨을 예표하는 성사다. 성적인 결합을 하나님과 연합을 예표하는 것으로 보는 것보다 더 숭고한 개념이 있을까?

하나님 사랑의 형상화

아가서의 연인들이 부부의 사랑을 참으로 예표하는 것을 살아내는 기쁨을 선포할 때, 토비야와 사라는 사랑의 표상에 대한 진실을 되찾기 위해 생사를 가르는 시험을 직면했다면, 이 이야기들은 성도덕에 대한 성경적 비전에 어떤 빛을 비춰 줄까?

성경적 관점에서 볼 때 성도덕에 대한 모든 질문은 결국 다음과 같이 매우 단순한 질문으로 귀결된다. 우리가 몸으로 하는 행위가 하나님이 *기꺼이 주시며 온전하고 신실하며 결실을 맺는* 사랑을 형상화하고 있는가, 아니면 그 기준에 미치지 못하는가? 만약 과녁을 빗나간다면, 그 해결책은 과녁을 조정하는 것일까, 아니면 우리의 목표를 조정하는 것일까?

이렇게 생각해 보자. 성관계가 결혼 서약을 새롭게 하는 것이라면, 부부가 자주 서약에 충실하지 않는다면 어떻게 결혼 생활이 건강할 수 있을까? 반면, 부부가 정기적으로 서약을 새롭게 하며 서로에 대한 헌신을 표현한다면 결혼 생활이 얼마나 건강할까? 다음 장에서 더 명확하게 살펴보겠지만, 이것이 바로 성도덕의 문제에서 쟁점이 되는 부분이다.

그러나 하나님이 사랑하시는 것처럼 사랑하려고 노력하는 것은 우리에게 달린 일이 아니다. *우리는 그렇게 할 능력이 전혀 없다*. 오히려 우리가 해야 할 일은 하나님께서 우리 마음에 부어 주시고자 하는 그 사랑의 선물에 마음을 여는 것이다. "우리에게 주신 성령으로 말미암아 하나님의 사랑이 우리 마음에 부은 바 됨"이다(롬 5:5). 깊은 기도의 삶, 성령님과 연합하는 삶, 이것이 바로 신부가 신랑의 선물에 마음을 여는 것처럼 거룩한 사랑의 선물에 우리 자신을 열어 주는 것이다. 우리가 계속해서 그 위대한 선물을 받게 되면, 그 사랑을 다른 사람들과 나눌 수 있게 된다. 이것이 바로 우리가 성도덕의 참된 기독교적 관점을 올바르게 이해할 수 있는 유일한 맥락이다.

Chapter 07

침실에도 계시는 하나님

> 성이 창조된 목적 중 하나는 하나님의
> 감추어진 것들을 우리에게 상징적으로
> 보여주기 위함이다…우리는 하나님께서
> 우리 본성의 캔버스에 그려 놓으신
> 생명력 넘치는 중대한 형상들을
> 마치 단순한 기하학적 도형인 것처럼
> 제멋대로 옮길 권한이 없다.
>
> C. S. 루이스

 루이스의 위의 글은 우리가 지금까지 공부한 성경 말씀과 상당히 일치한다. 실제로 우리가 이 책을 통해 밝힌 내용은 성이 어떻게 "하나님의 감추어진 일들"을 상징하는지와 그 감추어진 일이 무엇인가이다. 이번 장에서는 루이스의 그 다음 문장에 함축된 의미를 살펴보고자 한다. 남성과 여성으로서 "하나님께서 우리 본성의 캔버스에 그려 놓으신 생명력 넘치는 중대한 형상들을 마치 단순한 기하학적 도형인 것처럼 제멋대로 옮길" 때 무슨 일이 일어날까?

이쯤 되면 약간의 두려움을 느끼는 독자가 있을 것이다. 지금까지 밝힌 성경의 논리를 이해하기 시작했고, 그것이 어디로 향하는지 볼 수 있으며, 자신의 삶이 그 기대에 부합하지 않는다는 것도 알게 되었다. 인간의 세계에 온 것을 환영한다. 좋은 소식은 그리스도께서 우리를 온전한 인간으로 회복시킬 수 있다는 것이다. 3장에서 논의한 것처럼 그리스도는 에로스로부터 시작하여, 세상을 구원하기 위해 오셨다는 것을 기억하자. 우리를 위해 부어진 새 포도주가 있다. 우리는 단지 마음을 열고 이 포도주가 치유하고 변화시키는 일을 할 수 있도록 허락하기만 하면 된다. 당신이 어디에 있었는지, 어떤 실수를 저질렀는지는 중요하지 않다. 성에 대한 성경의 진정한 비전은 정죄가 아닌 구원의 메시지이다.

인간의 "위대함"의 인정

진정한 기독교적 도덕은 우리를 반대하지 않는다. 오히려 우리를 아낌없이 *위하는 것이다*. 그것은 우리의 "위대함", 즉 자신의 진정한 존엄성을 받아들이라는 요청일 뿐이다. 이것이 바로 우리가 하나님의 말씀을 연구하면서 계속 밝혀온 것으로 우리의 존엄성, 즉 남성과 여성으로서의 위대함이다. 이 존엄성과 위대함은 무엇보다도 남성과 여성 모두 하나님의 형상대로 지어졌으며 하나님과의 사귐을 위해 부름을 받았다는 사실에 근거한다. 그리고 그것이 바로 부부의 친교가 의미하는 것이다. 남편과 아내가 한 몸으로 연합하는 것은, 생명을 주는 사랑과 사귐인 하나님의 영원한 비밀과 그리스도와의 친교를 통한 그 영원한 지복을 나누라는 부르심에 대한 성례, 성사(sacrament), 혹은 표시(sign)이기도 하다. 이제는 이 놀라운 진리의 논리적인 결론에 이를 차

례다.

　이전 장의 마지막 부분에서 성도덕에 관한 모든 질문이 궁극적으로 하나로 귀결된다는 사실을 관찰했다. 우리가 몸으로 하는 행위가 *기꺼이 온전하고 신실하게 열매를 맺게 하는* 하나님의 사랑을 진정으로 나타낼까, 아니면 그 의미를 놓치고 있는 것일까? 필자는 『성관계와 결혼에 관한 좋은 소식』(Good News about Sex and Marriage)이라는 책에서 이 원칙을 사용하여 이 주제에 관한 가장 일반적인 질문 140개에 답했다. 더 자세한 내용은 그 책을 참고하기 바란다. 지금은 성도덕의 가장 핵심에 도달하기 위해 몇 가지 구체적인 질문에 이 원칙을 적용해 보겠다.

　하지만 그 전에 하나님의 자비의 손을 잡는 것이 중요하다. 거기에 기반하지 않으면 죄에 대해 절망하거나 죄를 합리화하려는 유혹에 빠지게 될 것이다. 하나님의 자비와 용서가 정말로 존재한다면, 잘못한 일을 인정하는 것을 결코 두려워해서는 안 된다. 사실 우리가 두려워해야 할 유일한 죄는 죄를 합리화하는 것, 즉 죄를 죄로 인정하지 않는 것이다. 이러한 완악함은 예수님께서 사하심을 얻지 못하는 죄라고 말씀하신 성령을 모독하는 행위이다(마 12:32 참고). 용서받을 수 없는 이유는 회개하지 않기 때문이다. 그러므로 우리가 "무언가 잘못했다"는 사실을 발견하면 회개하고 하나님의 자비에 자신을 맡겨야 한다. 그 안전한 곳에서만 절망하거나 합리화하는 일 없이, 죄를 정직하게 바라볼 수 있다. 이에 대해 좀 더 알아보자.

　자위 행위가 *기꺼이 온전하고 신실하게 열매를 맺게 하는* 하나님의 사랑을 상징할까, 아니면 무언가 잘못된 상태일까? 사통, 간음(fornification) 행위는 *기꺼이 온전하고 신실하게 열매를 맺게 하는* 하나님의 사랑을 형상화할까, 아니면 무언가 잘못된 것일까? 불륜 행위는? 동성애 행위는 어떤가? 외설적인 이미지에 대해 강한 욕정을 느끼는 것은? 배우자를 자신의 이기적인 만족을 위한 대상으로 취급하는 것은 어떨까?

이러한 행동들이 하나님의 형상대로 사는 것과 양립할 수 없다는 사실을 인식하는 것은 이런 행동을 할 수 있는 사람들을 정죄하기 위한 것이 아니다. 다시 한번 말하지만, 그리스도는 정죄하러 오신 게 아니라 *구원하러* 오셨다. 진리는 비록 아플 수 있다. 하지만 우리를 자유하게 한다. 그리스도께서 우리를 자유하게 하신 그 자유 속에서 살 수 있게 해 주는 진리를 받아들이는 것이 우리의 목표이다!

영원으로 향하는 성

안타깝게도, 오늘날 세상에는 성에 관한 거짓말이 유행하고 있다. 기독교인들조차 중요한 의의가 있다는 명목으로 이러한 거짓말을 상당히 많이 받아들이고 있다. 릭 워렌 목사는 이와 관련하여 성도들에게 강력하고 냉정하게 도전할 것을 제안했다. "거짓말이 인기가 있다고 해서 그것이 진실이 되는 것은 아니다. 잘못된 것이 인기가 있다고 해서 그것이 옳은 것은 아니다. 악한 것이 인기가 있다고 해서 선한 것이 되는 것은 아니다. 우리는 진리가 항상 진리라는 것을 깨달아야 하며, 그 토대 위에 우리의 삶을 세워야 한다. 유행하는 것을 토대로 인생을 세우면 문제가 발생한다. 모든 유행은 반드시 지나가게 마련이다…중요한 *의의를 갖게 되는 유일한 방법은 영원한 것이 되는 것이다.*"[1]

우리의 성과 관련해 중요한 것은 그것의 영원한 의미와 영원한 지향성을 인식하는 것이다. "성적 지향"은 오늘날 세상에서 상당히 유행하는 단어가 되었다. 그것은 많은 사람들에게 다양한 의미를 지닌다. 하지만 이 책에서 성경을 통해 배운 것처럼, 하나님이 주신 가장 기본이 되는 성적 지향은 영원한 그리스도와 교회의 혼인을 지향하는 것이다.

릭 워렌의 결론이다. "이것이 결혼의 가장 깊은 의미이자 가장 심오한 목적이다. 그리고 이것이 결혼이 오직 한 남자와 한 여자 사이에서만 이루어질 수 있는 가장 강력한 이유이다. 부모와 자식 관계를 포함한 그 어떤 관계도 이 친밀한 결합을 표현할 수 없다. 결혼을 다시 정의하는 것은 하나님이 의도하신 결혼에 대한 그림을 파괴하는 것이다…그 그림은 그리스도와 교회의 그림이다."[2]

한 남성과 한 여성 두 사람만이 평생 한 몸이 되고, 그 결과로 탄생한 가족은 수세기 동안 기독교 문명의 기반이 되어 왔다. 그러나 20세기 들어 불과 몇 세대 만에 성, 결혼, 가족은 급격하게 해체되고 새롭게 정의되었다. 세속적인 언론은, 한때 교회와 국가에서 인간의 존엄성에 대한 모독이자 사회 질서에 대한 심각한 위협으로 여겨졌던 행동과 "생활 방식"을, 추구해야 할 가치가 있는 것으로 선전한다. 그뿐 아니라, 이제는 많은 교회에서 이를 승인하고 세계 여러 국가에서 법적 "권리"로 보호한다.

이렇게 급진적인 변화가 어떻게 이렇게 빨리 일어났을까? 어떻게 이 문제에 대해 이토록 급격히 방향을 잃게 되었을까? 답은 복잡하지만, 기독교인으로서 과거에 일어난 일을 돌아볼 용기가 필요하다. 오늘의 성적 혼란에 이르게 한 미끄러운 비탈길로 우리와 전체 사회를 데려가는 데 중요한 역할을 한 사건을 다시 돌아보아야 한다. 곧 알게 되겠지만, 20세기 초반 우리 기독교인들은 1900년 이상 명확하고 확고하게 지켜 온 하나님이 주신 성의 목적에 대한 기독교 교리와 결별함으로써 우리의 성경적 유산을 버렸다.

마지막으로 한번 더 릭 워렌의 말을 인용하겠다. "그 목적을 이해하지 못하면 당신은 어떤 것에도 가치를 부여할 수 없게 된다. 하나님이 주신 선물의 목적을 잊을 때마다 그 선물은 잘못 사용되고, 남용되고, 혼란스러워지고, 낭비되고, 왜곡되고, 심지어 파괴될 것이다."[3] 워렌 자신도 오늘날 우리가 신중하게 기도하며 관심을 기울여야 하는 이 어려운 문제에 본인의 말이 얼마나 잘 적용되는지 모를 수 있다. 필자가 그랬던 것처럼 이것을 문제로 제기하는 것만으로도 아무 문제도 아니라고 주장하는 사람들의 분노를 불러일으킬 수 있다. 우리 개인의 삶, 결혼과 가족, 교회, 사회 전반에 걸쳐 이 문제를 다시 생각하는 데 들어가는 비용은 엄청나게 높아 보일 수 있다. 반면에 이 문제를 정직하게 바라보지 *않는다면* 그 대가는 훨씬 더 높아질 수 있다.

하나님이 주신 우리 "몸의 신학"에 대해 배운 모든 것을 바탕으로, 우리는 다음 질문을 하지 않을 수 없다. 피임을 의도하는 성관계의 행위가 *기꺼이, 온전히, 신실하게, 열매를 맺게 하는* 하나님의 사랑을 형상화할까, 아니면 무언가 잘못된 것일까? 만약 잘못된 부분이 있다면 그것은 우리를 어떤 방향으로 이끌까? 의도적으로 임신을 피하는 성관계는 어디로 우리의 방향을 바꾸게 할까?

첫 번째 단절

기독교인으로서 역사를 아는 것은 우리의 신앙을 이해하는 데 강력하고 광범위한 영향을 미칠 수 있다. 예를 들어, 필자는 1930년까지만 해도 모든 기독교 교파에서 불임을 의도하면서 성관계를 하려는 모든 시도를 만장일치로 단호하게 반대했다는 사실을 알고 얼마나 놀랐는지 기억한다(수 세기 동안 기독교인들은 이해했지만, 지금 우리가 잊어버린 것은 무엇일까?). 그 해 램버스 회의에서 성공회가 피임에 문호를 개방함으로써, 성공회는 초대 교회와 여러 시대에 걸친 영적 스승들, 루터에서 칼빈, 그 외 모든 종교 개혁가의 가르침을 깨뜨린 최초의 기독교 교단이 되었다. 1960년대 초 피임약이 등장할 무렵에는, 한때 보편적으로 받아들여졌던 전통적인 기독교 교리가 구시대적이고 불합리한 것으로 여겨지기 시작했다.

오늘날 대부분 기독교인은 피임을 현대인의 당연한 의무이자 성도가 해야 할 책임처럼 여긴다. 동시에 다양한 교단의 기독교 지도자들은 이 문제를 다시 검토하고 있다. 랜디 알콘(Randy Alcorn)의 말이다.

> 이것은 어려운 문제다. 무엇보다 가장 어려운 부분은 우리가 마가렛 생어 같은 사람들이 만들어 낸 사회에서 자랐고 교회가 이기적이고 자녀 친화적이지 않고 인구를 통제하는 사고방식을 대부분 받아들였다는 점이다. 따라서 평범한 기독교인들은 이런 질문조차 하지 않았다. 나도 15년 동안 목사로 섬기면서 이런 질문을 하지 않았다. 아무도 피임이 문제라고 한 적이 없었고, 그저 당연한 일이라고 생각했다. 어떤 목사도 피임에 대해 고민해 보라고 조언하지 않았고, 결혼 준비에 관한 기독교 서적에서도 피임에 대해 성경을 찾아보거나 기도하라고 권하지 않았다. 여러 서적을 읽어 보았지만 같은 내용을 전달할 뿐이었다. 유일한 질문은 어떤 피임 방법이 가장 좋은가였다. 피임 자체가 최선인지에 대한 질문은 없었다. 목회자로서 혼전 상담을 할 때 같은 방식을 적용했던 것을 고백한다.[4]

앨버트 몰러(Albert Mohler)는 이렇게 썼다. "피임 혁명이 복음주의자들을 깜짝 놀라게 한 것 같다. 우리는 인간를 통제한다는 사고방식을 받아들였고…피임약을 그저 또 하나의 위대한 의학 발전으로 받아들였다." 돌이켜 생각해 본 그의 관찰은 다음과 같다. "피임약은 아담과 하와가 선악과를 따먹은 이래 그 어떤 사건보다 인간의 삶을 재편한 가장 큰 사건이었다. 왜 그럴까? 성, 성 정체성, 생식은 인간의 삶과 결혼, 인류의 미래에 매우 중요한 요소이기 때문이다." 그리고 이렇게 마무리한다. "복음주의자들도 산아 제한과 그 의미에 대한 논의에 동참하고 있다. 복음주의자들은 낙태 문제에 늦게 도달했다. 산아 제한 문제에도 지각했다. 하지만 우리는 지금 여기에 있다…신실한 그리스도인이라면 이렇게 중요한 문제의 어떤 것도 놓치지 말고 신중하게 관심을 가져야 한다."[5]

뿌리 찾기

현대에 피임을 수용한 것이, 인류 최초의 부모가 원죄를 범한 이래 인간의 삶을 재편하는 데 그 어떤 것보다 더 많은 역할을 했을까? 몰러의 주장은 과장된 것일 수도 있다. 하지만 분명한 것은, 20세기의 성 혁명과 그 결과인 죽음의 문화는 피임이 거의 보편적으로 수용된 배경 없이는 설명할 수 없다. 사실 1900년대 초, 가족 계획 연맹(Planned Parenthood)의 설립자 마가렛 생어가 피임을 글로벌 캠페인으로 처음 시작했을 때만 해도, 피임을 수용하면 지금과 같은 사회적 혼란을 초래할 거라는 예측이 없었던 것은 아니다. 20세기 초 저명한 사상가들이 피임에 대해 어떤 말을 했는지, 피임을 수용한다면 어떤 일이 일어날지 예측한 내용을 읽으면 독자들도 필자와 마찬가지로 놀랄 것이다.

예를 들어, 지그문트 프로이트는 전혀 신앙인이 아니었지만 "생식 기능의 포기는 모든 변태 성욕의 공통된 특징"이라고 이해했다. 그의 말이다. "성행위가 생식이라는 목적을 포기하고 생식과 상관없는 쾌락을 얻는 것을 목표로 삼는다면 우리는 실제로 그런 성행위를 변태적이라고 표현한다."[6]

시어도어 루스벨트는 피임을 국가 복지에 대한 심각한 위협이라고 비난하면서 "피임이라는 죄의 대가는 국가적 죽음, 인종의 죽음, 속죄할 수 없는 죄"라고 설명했다.[7]

마하트마 간디는 "산아 제한의 필요성에 대해 두 개의 의견이 있을 수 없다"라고 주장했다. 그러나 유일한 [적절한] 방법은...자기 절제"이며 이것이야말로 "산아 제한을 실천하는 사람들에게 유익한 완벽한 최고의 해결책"이라고 설명했다. 반면 피임을 통해 "자신의 행위의 결과를 피하려는 시도는 질병보다 더 나쁜 것으로 판명될 수 있는" 처리 방안이라고 봤다. 왜 그럴까? 피임은 "악행에 마치 프리미엄을 붙이는 것과 같기 때문이다. 남성과 여성을 무모하게 만든다...자연은 무자비하며 자신의 법칙을 어기는 모든 것에 완전히 복수할 것이다." 그의 예측은 이어진다. "도덕적 결과는 도덕적 제재를 통해서만 만들어질 수 있다." 따라서 피임법이 "일상적인 것처럼 되면 그 결과로 도덕적 타락만이 뒤따를 것이다...지금 남성은 자신의 정욕을 위해 여성을 충분히 타락시켰고, [피임]은 옹호하는 이들이 아무리 좋은 의도로 한다고 해도 여전히 여성을 더욱더 타락시킬 것이다."[8]

미국 연방 교회 협의회에서 피임을 허용한 성공회를 따를 것을 제안하는 보고서를 발표하자, 〈워싱턴포스트〉는 다음과 같은 예언적 진술을 담아 통렬하게 논평했다. "그 논리적 결론에 도달하여 이 위원회의 보고서가 시행된다면 무분별한 부도덕을 조장하는 타락한 관행을 확립함으로써 거룩한 제도로서의 결혼에 종지부를 찍을 것이다. 피임약이 합법화되면 사람들이 이를 '신중하게 절제해서' 사용할 것이라는 생각은 터무니없다."[9]

또한, 성공회가 기독교의 도덕적 교리를 거부하는 것에 대해 T. S. 엘리엇은 다음과 같이 주장했다. "문명화되었지만 기독교적이지 않은 사고방식을 형성하려는 실험을 시도하고 있다. 이 실험은 실패할 것이다. 하지만 실험이 실패하는 것을 인내심을 가지고 기다리면서, 그 시간을 구속해야 한다. 우리 앞에 놓인 암흑기 동안에도 신앙이 살아서 보존되고, 문명을 새롭게 하고 재건하며, 자멸하려는 세상을 구할 수 있도록 말이다."[10]

변태? 국가적 죽음? 도덕적 타락? 신성한 제도로서의 결혼의 죽음? 전 세계의 자살 행위? 피임의 탓으로 돌리기에는 너무 과하지 않을까? 이들이 예견한 내용 중 많은 부분이 실현되었다는 사실만 없었더라면 확실히 그렇게 보일 것이다. 우리가 잊고 있었던 것은 무엇일까? 간단히 말해서, *생식기(genital)*는 *생식(generate)*을 위해 존재한다. 이 진리를 존중하지 않는 문화는 *타락할(de-generate)* 것이다. 그 이유를 살펴보자.

단단하게 묶인 매듭의 고리 풀기

여러 시대에 걸쳐 이해되어 온 성에 대한 성경적 관점은 결혼, 성관계, 아기는 이 순서대로 한 세트를 이룬다고 아주 간략하게 요약할 수 있다. 하나님의 사랑의 설계 안에서 이 세 가지 실체는 우리의 몸 안에서 단단한 매듭으로서 그분의 영원한 언약의 사랑과, 아버지가 되시는 진리를 드러내셨다. 피임은 이 근본적이고 사회 질서를 유지하는 연결 고리의 매듭을 느슨하게 할 뿐만 아니라 그 유대 관계를 끊었다.

성관계와 아기를 분리하면 결국 이론적으로뿐만 아니라 현실적으로 성관계와 결혼도 분리된다. 성관계와 아기 사이의 자연스러운 연결 고리가 유지되는 한에서는 성관계란 자녀를 양육하기로 헌신한 사람들에게 정당한 영역이 되며, 그 헌신이 결혼이라고 불리는 것임을 직관적으로 깨닫게 된다. 결혼, 성관계, 아기의 긴밀한 연결 고리에 피임을 도입하면 다음과 같이 모든 것이 풀리기 시작할 것이다.

간통에 대한 유혹은 확실히 새로운 것은 아니다. 그러나 역사를 통틀어 이러한 유혹에 굴복하지 않게 만드는 주요한 요인 중 하나는 원치 않는 임신에 대한 두려움이었다. 결혼과 성관계, 아기 사이에 단단하게 묶인 매듭이 제 역할 하는 것이다. 피임으로 이 매듭을 풀면 특정 인구 집단의 간통율은 어떻게 될까? 불륜 행위가 분명 증가할 것이다. 불륜 행위가 증가하면 어떤 일이 일어날까? 결혼 파탄과 이혼율이 증가한다.

상황은 더욱 나빠진다. 결혼 전 성관계에 대한 유혹은 새로운 것이 아니다. 하지만 역사를 통틀어 이러한 유혹에 굴복하지 않게 만드는 주요 요인 중 하나는 원치 않는 임신에 대한 두려움이었다. 다시 한번 더 단단하게 묶인 매듭이 제 역할을 하는 것이다. 피임으로 이 매듭을 풀면 특정 인구 집단의 혼전 성관계 비율은 어떻게 될까? 분명히 증가할 것이다.

상황은 더욱 나빠진다. 100% 효과적인 피임 방법은 없으므로 특정 인구 집단에서 간통과 혼전 성관계의 증가는 필연적으로 원치 않는 임신의 증가로 이어질 수밖에 없다. 많은 여성이 원치 않는 임신을 하게 되면 어떻게 될까? 이 문제를 '해결'하는 방법으로 낙태에 대한 합법적인 "권리"를 요구하는 것이 논리적으로 뒤따르게 된다.

피임에 대한 접근성이 향상되면 낙태율이 감소한다는 것이 일반적인 통념이다. 특정 상황에서는 그럴 수도 있다. 하지만 결혼, 성관계, 아기를 하나로 묶는 매듭을 끊고 나면, 우리는 자연이 그 연결 고리를 다시 주장하는 것을 원치 않게 된다. 처음에는 헌신도 없고 발생하는 일의 결과와도 상관 없이 성욕을 충족시키려는 충동에서 시작했지만, 이제는 무고한 인간의 생명을 끊는 대가를 치르더라도 그렇게 할 "자유"를 *요구*하는 것으로 변한다. 피임이 낙태를 억제한다는 생각이 처음에는 논리적으로 보이지만, 더 깊이 들여다보면 피임으로 후자를 해결하려는 것은 불을 끄기 위해 휘발유를 던지는 것과 같다. 최종 분석 결과, 낙태하는 이유는 단 하나다. *기꺼이 온전히 신실하게 결실을 맺는 사랑*을 하지 않는 사람들이 성관계를 갖기 때문이다.

상황은 더 나빠진다. 물론 모든 사람이 낙태에 의지하는 것은 아니다. (이 점에 대해서 하나님께 감사드린다.) 어떤 이들은 영웅적인 결단으로 아이를 입양 보내기도 한다. 그러나 대부분 엄마가 아이를 홀로 키우게 된다. 이 역시 영웅적일 수 있다. 하지만, 아버지 없이 자라는 아이들의 수는 더욱 늘어날 것이다. 이혼율이 증가하면서 그런 아이들의 수는 이미 증가일로에 있다. 물론 하나님의 은혜로 부족한 것을 채울 수 있고, 아버지 없이 자란 아이들도 건강하고 거룩한 삶을 살 수 있다. 하지만 수많은 연구와 상식에 따르면 아버지 없이 자란 아이들은 빈곤을 경험하고, 정서, 심리적으로나 행동상에서 문제를 겪고, 건강이 나빠지고, 학교를 중퇴하고, 혼전 성관계를 하고, 낙태하고, 마약을 하고, 폭력적인 범죄를 저지르고, 감옥에 갈 가능성이 크게 높아진다.[11] "아버지 없는" 자녀는 혼외 출산을 할 가능성이 훨씬 높고, 결혼하더라도 이혼

할 가능성이 크기 때문에 이러한 모든 사회적 병폐는 세대를 거듭할수록 기하급수적으로 증가한다.

결혼, 성, 아기의 재정의

역사가 명확하게 보여주듯이, 결혼, 성관계, 아기 사이에 단단히 묶인 매듭을 풀기 시작하면 결국 이 세 가지를 모두 다시 정의하게 된다. 아기는 단순한 "세포 덩어리"가 된다. 성관계는 (성별에 상관없이) 동의하는 파트너끼리 나누는 단순한 쾌락이 된다. 결혼은 자신이 선호하는 성적인 쾌락의 교환 방식에 대해 사회와 정부로부터 받는 "승인 도장"을 요구하는 것이 된다.

이렇게 피임을 받아들이는 것은 당연히 동성애 행위의 정상화로 이어졌다. 이렇게까지 솔직하게 말해서 미안하지만, 필자의 지인인 한 교수는 "오르가슴으로부터 생식을 분리하면, 어떤 구멍이든 상관이 없게 된다"고 솔직하게 말한 적이 있다. 그 논리를 반박하기는 어렵다. 의도적으로 생식을 할 수 없는 성관계를 하는 것은 자연스럽고 본질적인 성별 차이가 지니는 의미를 효과적으로 무가치하게 만든다. 다시 말해, 의도적으로 생식기가 생식을 할 수 없게 만드는 것은 성의 자연스럽고 본질적인 의미를 무가치하게 만드는 결과를 가져온다. 이를 인식하면 기독교인들이 피임을 받아들이기 시작하면서 자신도 모르는 사이에 결혼을 "동성애적으로 만들기" 시작했다는 힘든 진실을 깨닫게 된다. 결혼한 부부가 피임에 대한 "권리"를 주장하면, 본질적으로 불임인 결합 관계(즉, 동성애 관계)를 지향하는 사람들도 결혼할 "권리"를 주장하는 것은 시간문제일 뿐이다.

1930년 성공회의 결정이 있은 지 72년 후, 캔터베리 대주교 로완

윌리엄스(Rowan Williams)는 "피임의 정당성을 인정하는 교회"에서 의지할 수 있는, "동성애 관계에 대해 절대적으로 비난"할 실질적인 근거는 없다고 했다.[12] 그는 옳았다. 하지만 그는 피임의 정당성에 의문을 제기하기보다는 피임을 당연한 것으로 받아들이고 동성애 행위를 정당화했다. 우리가 일관성을 유지하려면 둘 중 하나를 선택해야 한다.

신약학자 리처드 헤이스(Richard Hays)는 로마서 1장의 유명한 구절을 언급하면서 사도 바울은 "동성애 행위를 창조주 하나님을 존중하기를 거부하는 인간의 일종의 반종교적 '성사'(sacrament)로 묘사한다"고 했다. 인간이 동성애 행위를 할 때, 그들은 창조주의 설계를 거부하는 내면적이고 영적인 실체를, 외형적이고 가시적으로 표시(sign)하는 것이다."[13]

피임을 하며 성관계를 하는 사람들도 마찬가지라고 할 수 없을까? 하나님의 설계(de-sign)를 받아들인다는 것은 그 예표(sign)의 의미를 받아들이는 것이다. 바로 여기서 "몸의 신학"의 논리가 "예표의 윤리"(ethics of the sign)라고 부를 수 있는, 성에 대한 성경적인 이해로 우리를 이끌어 준다.

예표의 윤리

전통적인 성경적 성에 대한 비전은 "*(성사적인) 예표의 차원에서의 결혼에 대해 앞에서 심사숙고한 내용과 밀접하게 연결되어 있다.*"[14] 모든 결혼 생활은 하나님의 생명과 사랑의 표시가 되어야 한다. 그러나 결혼에는 침상에서 완성되는 표현 방식이 있다. 부부가 한 몸이 될 때 말할 수 없이 심오한 방식으로 하나님의 사랑을 나타낸다. 결혼 생활의 다른 어떤 순간과도 달리, 부부는 하나님 사랑의 "심오한 비밀"에 참여하도록 부름을 받는다. 하지만 이것은 그들의 성적인 결합이 하나님의 사랑을 정확하게 나타낼 때에만 일어날 것이다. 따라서 요한 바오로 2세의 결론처럼, 우리는 부부가 그들의 결합에 진실한 예표의 특성을 부여하는지 여부에 따라 그 성관계가 도덕적으로 선하고 악한지를 논할 수 있다.[15]

결혼이 진정한 예표가 되기 위해 꼭 필요한 요소는 진리 속에서 말해지는 몸의 언어이다. 하나님의 영원한 사랑의 계획에 참여함으로써 몸의 언어는 "예언적"이 된다. 피임에 반대하는 전통적인 기독교 교리는 단순히 이 진리를 논리적인 결론으로 이끈다.

몸의 예언적 언어가 피임에 가려질 때 무슨 일이 일어날까? 이 경우 부부는 참 선지자인가, 거짓 선지자일까? 그들의 결합이 교회를 향한 그리스도의 사랑의 "심오한 비밀"을 진실하게 가리키는 것일까? 그들은 지금 어떤 종류의 신학을 몸으로 선포하고 있을까? 그들은 자신을 영원한 아버지로 드러내신 하나님의 비밀을 선포하고 있는 걸까? 아니면 하나님의 진리를 거짓과 바꾸었을까?(롬 1:25 참고)

부부가 성관계를 맺는 과정은 "*의미가 매우 풍부한 순간으로,...'몸의 언어'를 진리 안에서 다시 읽는 것이 특히 중요하다.*"[16] 몸의 언어에는 분명한 의미가 있으며, 이 모든 것은 기독교 혼인의 전통 서약에 "프로그램"처럼 포함되어 있다. 예를 들어, "'하나님으로부터 사랑으로 자녀를 받아들일 준비가 되었습니까?'라는 질문에...신랑과 신부는 '예'라고 대답한다."[17]

부부가 결혼식장에서 '예'라고 대답하고 나서, 그들의 결합을 불임상태가 되도록 만든다면 결혼 서약에 충실한 걸까? 누군가 이렇게 반박할지도 모른다. "말도 안 돼! 결혼식장에서 자녀를 갖겠다고 서약할 수 있지. 그렇다고 해서 *매번* 모든 성관계 행위가 자녀로 연결되어야 한다는 뜻은 아니잖아."라고 반박할 수 있다. 이것은 필자가 처음 이 문제를 생각하기 시작했을 때 반박했던 의견 중 하나였다. 그리고 그것은 분명히 일리가 있는 것처럼 보였다. 하지만 같은 논리를 결혼의 다른 약속에도 적용하면 어떻게 될까? "말도 안 돼! 결혼식장에서 정절을 약속할 수는 있지만, 그렇다고 해서 *매번* 모든 성관계를 반드시 배우자와만 해야 한다는 뜻은 아니잖아." 정말로 그럴까? 대부분의 시간 동안 충실하다면 가끔 간통을 하는 것을 정당화할 수 있을까? 만약 *내가 항상 그런 것은 아니지만* …때때로 정절에 대한 서약을 깰 수 있다는 모순을 인정하면, *항상 그런 것은 아니라도*…아이가 생기지 않게 하는 모순 또한 인정할 수 있어야 했다.

　이 논리에서 벗어날 다른 방법을 찾다가 부부가 결혼식장에서 서약할 때 자녀에 대한 서약을 제외할 수도 있다고 생각했다. 그러면 부부가 피임하면서 하는 성관계는 그들의 서약과 대치되지 않을 것이다. 진실로 하나님의 사랑은 관대하고(generous), 자녀를 주신다(generates). 하나님이 생식기(genitals)를 지닌 성별이 있는(gendered) 피조물로 우리를 만드신 이유는, 그분의 관대하고(generous) 생명을 주시는(generating) 사랑을 형상화하기 위해서이다. 부부의 서약에서 자녀를 갖겠다는 가능성을 배제하는 것은 하나님이 사랑하시듯 사랑하는 것이 아니며, 기독교의 결혼이 아니다. (현대 교회에서 피임을 수용함으로써 실제로 많은 교단에서 전통적인 기독교 혼인 서약을 다시 쓰게 되었고, 때로는 자녀에 대한 언급을 모두 제외하고 결혼 자체를 근본적으로 재정의하게 된 것은 놀라운 일이 아니다.)

우리가 어떻게 해야 할까?

오순절 날, 베드로가 예루살렘에 모인 모든 사람에게 성경을 풀어 설명했을 때, 최근에 자신들이 십자가에 못 박은 사람의 정체를 알지 못했던 사람들의 반응은 다음과 같았다. "마음에 찔려 베드로와 다른 사도들에게 물어 이르되 형제들아 우리가 어찌할꼬 하거늘 베드로가 이르되 너희가 회개하라"(행 2:37-38).

필자의 경험에 비추어 볼 때, 전통적인 기독교 교리에서 피임을 반대하는 이유가 제대로 설명되고, 피임을 수용한 결과와 그 역사적 배경이 명확하게 드러나면, 이 문제의 심각성을 모르고 있던 성도들도 베드로의 연설을 들은 사람들처럼 "우리가 어찌할꼬?"라고 묻는 순간을 마주하게 된다. 그동안 우리의 기독교 유산에서 벗어나서 행했던 일을 돌아볼 때가 온 것 같다. 그리고 아마도 지금이 우리의 방식을 개혁해야 할 때일 것이다.

"우리가 어떻게 해야 할까?"라는 질문은 결혼 생활의 실제적인 영역에서도 시급한 문제이다. 만약 어떤 부부가 피임을 반대하는 전통 기독교의 교리가 결국 틀린 게 아니라는 확신을 갖게 되었다고 가정해 보자. 이 교리에 충실하다는 것이 부부가 아기를 계속 낳아야 한다는 의미일까? 일부 기독교인들은 출산을 제한하거나 간격을 두려는 모든 시도는 하나님의 섭리를 덜 신뢰하는 것을 보여 준다고 믿는다.[18]

물론 우리는 모든 일에서 하나님의 섭리를 신뢰하라는 소명을 받았다. 하지만 이성은 하나님의 섭리의 일부이다. 하나님은 우리가 이성을 사용하리라 기대하신다. 그리스도께서는 "주 너희 하나님을 시험하지 말라"(눅 4:12)고 말씀하시며 불합리한 방법으로 하나님의 섭리를 의지하게 하려는 사탄의 시도를 꾸짖으셨음을 기억하자.

결혼 생활에는 건강의 악화, 재정적 어려움, 정서 또는 심리적 어려움 등, 자녀를 더 낳는 것이 분명히 하나님의 섭리를 시험하는 것처럼 보이는 여러 가지 잠재적 상황이 있다. 이런 상황에서 부부가 하나님의 사랑의 예표를 훼손하지 않고 할 수 있는 일은 무얼까? 다시 말해, 부부가 피임을 통한 성관계를 하지 않고도 아이를 임신하지 않을 수 있는 방법은 무얼까? 필자는 바로 이 순간, 이 글을 읽고 있는 독자들이 바로 그 일을 해내는 중이라는 데 백만 달러를 걸겠다. 우리는 성관계를 *자제*할 수 있다. 거의 2천 년 동안 모든 기독교 교파에서 인간의 존엄성에 합당하면서 유일하게 *산아를 제한하는* 방법은 *스스로를 자제하는* 능력이라고 가르쳤다. 그들이 (간디와 마찬가지로) 옳았을 것이다.

그렇다면 부부가 임신할 수 있는 능력이 사라지는 시기에 이를 때까지 성관계를 자제해야 한다는 뜻일까? 생각해 보자. 임신을 할 수 있는 시기가 지난 부부가 좋은 예가 될 수 있다. 이들은 자신들의 결합이 임신으로 이어지지 않는다는 것을 안다. 이 사실을 알면서도 성관계를 갖는다면 "예표"를 훼손하는 것일까? 그들이 하나님의 설계를 거부하는 걸까? 아니다. 그들은 하나님의 설계를 *받아들이고 있다*. 창조주께서는 여성이 가임기 기간의 매달 약 3주 동안 자연적으로 불임이 되도록 여성의 가임 주기를 설계하셨다. 현대 과학이 밝혀낸 생식 능력의 징후에 대해 제대로 교육을 받은 부부라면 임신 가능 시기와 불임 시기를 알 수 있다. 임신을 피해야 할 심각한 이유가 있는 부부는 임신할 수 있는 기간 동안 자제할 수 있다. 그들이 원한다면 창조주의 설계를 위반하지 않으면서도 자연적으로 임신이 되지 않는 시기에는 서로를 받아들일 수 있다.

이러한 접근 방식을 '자연적 가족 계획'(natural family planning; "NFP") 방법 또는 '생식력 인식 방법'(fertility awareness method; "FAM")이라고 한다. 이 방법은 도덕적인 면도 있지만, 유기적이고 신체의 정상적이고 자연스러운 기능을 변화시키지 않기 때문에 다양한 교단의 기독교인들 사이에서 인기를 얻고 있다. 현대의 NFP 방법에 익숙하지 않은 독자라면, 여성 주기의 규칙성에 관계없이 모든 여성이 이 방법을 성공적으로 사용할 수 있다는 점을 염두에 두어야 한다. 사실, 최신 NFP 방법은 부부가 임신에 간격을 두거나 임신을 피하는 데 98~99% 효과적이다. 이것은 그다지 효과적이지 않은 오래 된 "리듬 피임법(rhythm method)"과는 다르다.

어떤 사람들에게는 이게 근소한 차이로 보일 수 있다. 그들은 이렇게 묻는다. "부부가 직접 피임하는 것과 자연적으로 불임이 될 때까지 *기다리는 것*의 큰 차이점은 무엇인가요? 결국 두 부부 모두 아이를 피한다는 점에서 최종 결과는 같잖아요." 그럼 우리는 이렇게 반문할 수 있겠다. "할머니를 죽이는 것과 할머니가 자연사하실 때까지 *기다리는 것*의 큰 차이점은 무엇일까요? 할머니께서 돌아가신다는 점에서 최종 결과는 똑같지 않나요." 그렇다. 그 결과는 같다. 하지만 하나는 살인이라는 중범죄이지만, 다른 하나는 할머니께서 돌아가시지만 범죄와는 무관하다. 안락사와 자연사 사이에 중요한 차이를 알 수 있다면, 피임과 자연적 가족 계획 사이에도 중요한 차이가 있음을 알 수 있다.

첫째, 전통적인 기독교의 관점에서는 아이를 피하는 것이 본질적으로 잘못되었다고 말하지 않는다는 점을 인식하는 것이 중요하다. 그러나 목적(자녀를 피하는 것)이 수단을 정당화할 수는 없다. 할머니께서 다음 생으로 넘어가기를 바라는 데에는 그럴 만한 이유가 있을 수 있다.

할머니께서 고령에 질병으로, 끔찍한 고통을 겪고 계실 수도 있다. 그렇다고 해서 이것이 할머니를 죽이는 것을 정당화할 수는 없다. 마찬가지로 아이를 임신하지 않으려는 좋은 이유가 있을 수 있다. 그러나 오랜 세월 동안 전해져 내려온 기독교의 교리가 옳다면, 그 어떤 시나리오도 성행위가 불임이 되도록 만드는 것을 정당화할 수 없다.

지금 여기서 필자의 요지가 피임이 살인과 동등하다는 것이 아니다 (하나는 한 생명이 태어나는 것을 방해하는 것이고 다른 하나는 이미 존재하는 생명을 빼앗는 것이다). 오히려 두 경우 모두 우리가 피조물의 지위를 거부하고 하나님의 역할을 하는 것은 아닌지 살펴보자는 것이다. 할머니의 자연스러운 죽음과 여성의 자연스러운 불임 기간 모두 하나님의 섭리이다. 그러나 할머니를 죽이고 성관계를 불임이 되도록 만드는 것은, 태초에 그 속이는 자가 우리를 유혹했던 것처럼, 생명의 힘을 우리 손에 쥐고서 우리 자신을 하나님처럼 만드려는 게 아닐까(창 3:5 참고)?

사랑인가 음욕인가?

피임에 반대하는 전통적 교리를 반대하는 주요 의견 중에는, 절제가 부부가 서로 사랑을 표현하는 데 방해가 된다는 것이 있다. 그 논지를 좀 더 자세히 살펴보자.

우선, 잘못된 이유(배우자에 대한 악의, 성관계에 대한 경멸 등)로 성관계를 피하는 것이 부부의 사랑에 해로운 것은 사실이다. 하지만 결혼한 모든 부부가 아는 바와 같이, 올바른 이유로 성관계를 자제하는 것은 깊은 사랑의 행위이다. 사실, 결혼 생활에서 부부가 성관계를 통해 혼인 서약을 새롭게 하기를 *원한다 해도*, 부부 중 한 명이 아프거나, 출산 후, 시댁이나 처가집에 방문 중인데 방의 벽이 얇다거나, 아이를 피해야 할 심각한 이유가 있는 경우 등 사랑 때문에 절제해야 하는 경우는 무수히 많다. 이러한 상황이나 다른 많은 상황에서 부부가 절제를 할 수 *없다면* 이들의 사랑은 의심을 받을 수 있다.

피임은 실제 어떤 목적으로 사용될까? 언뜻 이상하게 들릴 수 있지만, 생각해 보자. 피임은 실제로 임신을 예방하기 위해 발명된 것이 아니다. 우리에게는 이미 *절제*라고 불리는, 100% 안전하고 100% 신뢰할 수 있는 피임법이 이미 있다. 결국, 피임은 한 가지 목적, 즉 자제력 부족을 피하기 위한 것이다. 즉 모든 안개가 다 걷히면, 피임이 존재하는 진짜 이유는 음욕에 탐닉하기 위한 것임이 보일 것이다. 성경은 이 점에 대해 분명하다. "하나님의 뜻은 이것이니 너희의 거룩함이라 곧 음란을 버리고 각각 거룩함과 존귀함으로 자기의 아내 대할 줄을 알고 하나님을 모르는 이방인과 같이 색욕을 따르지 말고 이 일에 분수를 넘어서 형제를 해하지 말라 이는 우리가 너희에게 미리 말하고 증언한 것과 같이 이 모든 일에 주께서 신원하여 주심이라 하나님이 우리를 부르심은 부정하게 하심이 아니요 거룩하게 하심이니 그러므로 저버리는 자는 사람을 저버림이 아니요 너희에게 그의 성령을 주신 하나님을 저버림이니라"(살전 4:3-8).

개와 고양이를 난소를 제거하거나 중성화하는 이유는 무엇일까? 그냥 자제하라고 하지 않는 이유는 무얼까? 그것들은 욕구를 거부할 수 없고 자유롭지 못하기 때문이다. 우리가 피임을 통해 스스로 난소를 제거하고 거세한다면, 한 몸의 결합이라는 "심오한 비밀"을 발정기의 멍멍이와 댕댕이 수준으로 축소하는 게 아닐까? 애초에 우리를 동물과 구별했던 것은 무얼까? (본래의 고독을 기억하는가?) 그것은 바로 *자유*와 그에 따른 책임감이다. 하나님은 우리에게 사랑할 수 있는 능력으로 자유를 주셨다. 성관계에 대해 거절을 할 수가 없다면 우리의 승낙은 무엇을 의미할까? 그리스도께서 우리를 자유롭게 하려고 주신 자유(갈 5:1 참고)로 *자유한* 사람만이 진정한 사랑을 할 수 있다.

실제로 우리가 흔히 사랑이라고 부르는 것을 "비판적으로 검증해 본다면 겉으로 드러나는 그 모든 것과는 달리, 그 사람을 '이용'하는 형태에 불과한 것으로 드러난다."[19] 성에 대한 이러한 공리주의적 태도를 극복하고 "그리스도께서 사랑하신 것처럼" 사랑하는 기술을 배우려면 타락한 성적 본능과 싸워야 한다. C. S. 루이스가 관찰했듯이, 성도덕에 대한 성경적인 비전은 "이것은 너무나 지키기 어렵고 우리의 본능에도 어긋나는 규범이기 때문에, 기독교가 틀렸든지 우리의 성적 본능에 그야말로 문제가 생겼든지 둘 중에 하나가 분명하다."[20] 1930년까지만 해도 모든 기독교 교파는 개혁이 필요한 것은 성에 대한 기독교적 비전이 아니라 성적인 본능이라는 것에 동의했다. 그 해에 무질서한 본능에 맞추기 위해 성에 대한 기독교적 비전을 수정하기 시작한 것 같다. 오늘날 우리는 그렇게 해서 엄청나게 큰 대가를 치렀음을 인식할 수 있다.

성적 순결과 사랑의 연합

기독교계에서는 결혼하기 *전까지*는 순결을 유지해야 한다는 말을 종종 한다. 마치 결혼한 사람에게는 성적인 덕목이 필요 없는 것처럼 들릴 수 있다. 하지만 이는 순결을 성적 욕구에 저항하는 것과 동일시하는 것이다. 순결은 무질서한 성적인 욕망을 *거부*하는 것이기도 하다. 하지만 동시에 우리의 만족을 위해 타인을 *이용*하려는 성향인 "공리주의적 태도"로부터 성욕을 해방시켜, 자신을 내어주는 사랑의 기술을 배우게 한다. 이러한 관점에서 볼 때, 성적인 순결은 결혼한 사람들에게도 절대적으로 필요하다. 그렇지 않으면 결혼을 음욕을 탐닉하기 위한 "합법적인 출구"로 전락시키게 된다. 성적 순결은 지속적으로 *자신을 통제하도록* 훈련시켜, 우리가 성욕을 통제할 수 있게 하지, 그 반대가 되지 않게 한다.

앞서 배운 것처럼, 자신을 통제하는 능력은 단순히 무절제한 욕구에 의지력으로 저항하는 것을 의미하지 않는다. 이는 단지 부정적인 측면일 뿐이다. 우리가 스스로 통제하는 힘을 키워 가면, 우리는 그 자제력을 내용 면에서나 성격 면에서나 모두, 성적인 반응을 적응시키는 능력으로서 경험한다.[21] 진정 순결한 사람은 에로틱한 욕구를 "진실하고 선하고 아름다운 것으로 향하게 하여 '에로틱한 것'도 진실하고 선하고 아름다워지게 된다."[22] 부부가 욕구로부터의 해방을 경험하면 "지금까지 전혀 알지 못했던 심오하고 단순하며 아름다운" 몸의 언어를 표현하는 선물을 자유롭게 하는 경지에 이르게 된다.[23]

기꺼이 단호하게 음욕의 충동에 저항하는 준비된 마음처럼 이해되는 순결에는, 분명히 자기를 부인하는 것이 필요하다. 하지만 기독교적 순결은 억누르는 것이 아님을 기억하자. 그것은 예수 그리스도의 죽음과 부활 속으로 들어간다. 음욕이 죽으면, 진정한 사랑이 솟아난다. 요한 바오로 2세의 말을 인용하자면, 순결이 처음에는 정욕에 저항하는 능력으로 나타난다. 하지만 성숙해지면서 욕망과는 전혀 무관한 방식으로 "몸의 언어"를 인식하고 사랑하며 경험할 수 있는 특별한 능력으로 드러난다.[24] 따라서 순결이 요구하는 훈련은 부부의 사랑과 애정 표현을 떨어뜨리거나 방해하지 않는다. 오히려 더 아름다운 음악을 만들기 위해 자신을 단련하는 음악가처럼, 순결이 요구하는 훈련은 부부가 표현하는 사랑을 "영적으로 더 강렬하게 만들어서 부부가 더 *풍부하게* *사랑을 표현하게*" 만든다.[25]

결혼의 영성

이렇게 이해하면 순결은 결혼의 영성의 중심에 선다. "결혼의 영성"이란 무얼까? 결혼 생활을 하나님의 감동에 따라 하는 것이다. 여기에는 부부가 내주하시는 성령의 능력에 마음을 열고 성령께서 그들의 모든 선택과 행동을 인도하시도록 하는 것이 포함된다. 요한 바오로 2세는 정서적 기쁨과 육체적 쾌락을 모두 포함하는 성적 결합 그 자체가 "성령을 따르는 삶"을 표현하는 것으로 여겨진다고 본다.[26] 부부가 성령의 선물에 마음을 열 때, 성령은 "거룩하고 아름다운 모든 것"과 "사랑이라는 최고의 가치"를 불어넣어 주신다.[27] 그러나 부부가 스스로 성령님께 마음을 닫으면 성적 결합은 이기심과 음욕, 상호 착취하는 행위로 금방 타락한다.

인간은 연약하기 때문에 성령을 떠나면, 전통적인 기독교의 성도덕 교리는 아무도 감당할 수 없는 짐이 된다. 하지만 이 교리가 누구에게 주어졌을까? 자신의 연약함 때문에 노예가 된 남성과 여성에게 주어진 걸까? 아니면 성령의 능력으로 자유로워진 남성과 여성에게 주어진 걸까? 우리가 성도덕에 관한 기독교의 전통 교리를 지키려면 "우리에게 주신 성령으로 말미암아 하나님의 사랑이 우리 마음에 부은 바"(롬 5:5) 되었다는 절대적인 확신이 있어야만 한다.

요한 바오로 2세는 성령 안에 거해야, 부부의 그 모든 사랑과 애정 표현 중에서도 성적인 결합만이 지닌 "유일하고 심지어 예외적인 의미"를 이해할 수 있다고 말한다.[28] 성령님께 그들의 결합을 열어 드리는 부부는 "*[성적인] 행위가 가지는 특별한 존엄성을 보호하기 위해*" 그들의 영성을 빚으시는 "하나님으로부터 나오는 것에 대한 깊은 경외심"으로 가득차게 된다.(29)

이런 부부는 그들의 결합이 창조하고 구속하는 하나님의 사랑을 상징하고 그 사랑에 동참하도록 의도된 것임을 이해한다. 다시 말해, 그들은 자신들의 몸의 신학을 이해한다. 그리고 "*부부의 결합이라는 본질적 가치를 존중하는 마음*"으로 가득차 있기 때문에" 창조와 구속의 거룩한 비밀을 예표하는 그 자체의 훼손이나 타락"을 암시하는 그 어떠한 것들에도 민감하게 반응한다.(30)

어쩌면 우리는 한 몸으로 연합하는 것이 "창조와 구속의 거룩한 비밀의 예표"라는 사실에 민감하지 못했을지 모른다. 우리 몸과 성의 의미에 대한 수많은 거짓말에 휘말려 들었을지도 모른다. 하지만 우리가 지금까지 몸의 거룩한 언어를 읽는 데 얼마나 어려움을 겪었든, 아예 읽을 줄 몰랐든 상관없다. 요한 바오로 2세가 담대하게 선포한 것처럼, 구원의 은총을 통해 그릇된 생각으로부터 진리를 향해 나아갈 가능성과 성령에 따른 삶의 표현으로서 죄에서 성적인 순결로 회심할 가능성은 언제나 존재한다.(31)

오소서, 성령이여, 오소서!
우리의 마음을 음욕에서 사랑으로 바꾸어 주소서.
우리의 성적 욕망에 거룩한 열정을 불어넣어 주셔서,
하나님께서 이 땅에서 사랑하시는 것처럼
사랑하게 하시고,
하늘에서 어린양의 결혼이
완성되는 것을 기뻐하게 하소서. 아멘.

맺는 글

> 복음의 *핵심*은...인간과 그의 삶, 영적이자
> 신학적 의미를 지닌 육체성(bodiliness) 사이의
> 불가분 관계를 긍정하는 것이다.
>
> 요한 바오로 2세

"말씀이 육신이 되어 우리 가운데 거하시매"(요 1:14). 이 구절에 언급된 "말씀"이라는 단어는 우주를 지배하는 이성의 원리, 즉 *만물*의 궁극적인 "의미," "이유," "논리"를 가리키는 그리스어 로고스(*logos*)의 풍부한 의미를 모두 전달하지는 못한다. 기독교의 토대가 되는 놀라운 주장은 바로 그 의미가 *육신*을 취하여 소통했다는 것이다. 거룩한 말씀을 연구하는 이 과정을 통해 우리는 성육신이 몸을 지닌 남성과 여성으로서의 인간을 어떻게 환하게 밝혀 주었는지에 대해서 살펴보았을 뿐이다. 궁극적인 의미가 육신이 되는 것(enfleshment)은 몸이 궁극적인 "의미를 갖는 것"(en-meaning-ment)이 된다. 그것은 바로 우리가 드러내고, 의사소통하고 "신성한 성품에 참여"(벧후 1:4)할 수 있도록 하는 것이다.

(독자들과 필자의) 인간의 몸은 하나님이 하신 말씀뿐만 아니라 *말*

씀이신 하나님 그 자체를 전달한다. "말씀이 육신이 되어 우리 가운데 거하시매"(요 1:14). 그러므로 하나님의 말씀을 연구하면서 배운 것처럼 우리의 몸은 단순히 *생물학적*으로 논리적(*bio*-logical)일 뿐만 아니라 *신학적*으로도 논리적(*theo*-logical)이며, 하나님의 논리, 즉 하나님의 *로고스*를 드러낸다. 우리의 몸은 하나님의 말씀을 드러내고, 선포하며 전달한다. 실제로 우리 몸은 예수 그리스도의 복음을 선포하며, 이는 항상 "그 몸의 복음," 즉 육신이 된 (궁극적 의미인) 로고스, 그 말씀의 복음이다.

몸과 성, 젠더, 결혼, 가족의 의미에 대해 세속적인 사회와 교회 모두 걷잡을 수 없는 혼란 속에서 많은 것이 위험에 처해 있다. 신학적 스승인 故 로렌조 알바세테(Lorenzo Albacete)는 다음과 같이 말했다.

> 한 사람이나 문화에 [복음이] 부족할 때, 그 부족함이 가장 분명하게 드러나는 잣대는 몸을 대하는 태도이다...실제로...복음화의 필요성을 보여주는 것은 인간의 성에서 볼 수 있듯이 인간의 몸에 대한 절망적인 혼란과 무질서이다....복음과 몸의 경험 사이의 이 절대 떼려야 뗄 수 없는 관계는 애초에 복음에 대한 *가장 큰* 적이 예수 그리스도를 육체에서 분리하려고 시도했다는 사실에서 알 수 있다[요 1:7 참고]...기독교가 제안하는 전체적인 핵심, 스캔들, 새로움, 놀라운 *경이로운* 사실은...말씀, 즉 로고스, 의미, 감각, 아름다움, 진리, 선함, 운명이 육신이 되었다는 것이다. 이것을 받아들이는 사람은...몸에 대한 공격이...곧 하나님 생명의 비밀에 대한 공격이라는 것을 알게 된다. 그래서 그 사람은 고통받는 육체들을 돕기 위해 열정을 갖게 된다...그 민감성은 결국 복음화가 이루어졌다는 결정적인 증거이

다.[1]

성 혁명 이후의 세상은 이러한 고통이 넘쳐난다. 성 혁명의 본질적인 목표가 성(gender)과 인간의 생명을 생성하는 것 사이의 자연적인 연결 고리를 끊는 것이었다면, 지금의 목표는 인간의 생명과 성 자체 사이의 자연적인 연결을 끊는 것이다. "해방"과 "인권"의 승리라는 모든 주장에도 불구하고 성별이 사라진(de-gendered) 세상은 퇴보(de-generate)할 수밖에 없다.

우리 인간성에서 일어난 두 가지 단절, 즉 생명(life)으로부터 생식(gender)을 단절시킨 것으로부터 사람(life)에게서 성별(gender)을 단절시킨 것은 모두 몸과 영혼을 철저히 대립시키는 영지주의적, 마니교적 인간관에 뿌리를 두고 있다. 영적 실재와 단절된 우리는 더이상 신체, 성, 생식 능력을 "심오한 비밀"로 경험하지 않는다. 대신, 우리는 그것들을 "깊은 고통"으로 경험하게 된다. 결국, 우리는 성을 더이상 경외할 대상이 아니라 거부해야 할 대상으로 경험하게 된다("성(gender)"은 "생식하도록(generate) 설계된 방식"을 의미한다는 점을 기억하자).

몸과 영혼의 심오한 연합을 인식하지 못하면 더이상 하나님의 형상과 모습대로 창조된 관점에서 인간의 몸을 바라보지 않게 된다. 오히려 인간의 몸이 단순한 *육체 덩어리(a body)*가 아니라 어떤 *존재(some-body)*라는 사실을 잊은 채 마음대로 사용하고 착취하고 조종하고 심지어 버릴 수 있는 대상으로 축소시킨다. 이러한 상황에서 요한 바오로 2세가 말한 것처럼 인간은 더이상 "*인격체이자 주체(subject)*로서 살지 않는다. 그 반대로 모든 시도와 선언을 하고는 있지만 인간은 그저 하나의 *물체(object)*가 될 뿐이다." 요한 바오로 2세는 비극적이게도 다음을 잊었다고 말한다.

우리는 창조의 아침에 아담이 하와를 보며 감탄했던 "내 뼈 중의 뼈요 살 중의 살이라"(창 2:23)라는 그 태초의 경이로움의 근거를 잃어버렸다. "내 누이, 내 신부야 네가 내 마음을 빼앗았구나 네 눈으로 한 번 보는 것으로…내 마음을 빼앗았구나"(아 4:9)라는 말씀에도 동일한 경이로움이 울려 퍼진다. 얼마나 많은 현대의 사상들이 하나님께서 계시하신 남성성과 여성성에 대한 깊이 있는 이해로부터 동떨어져 있는가! 계시는 우리가 [결혼과] 가정에서 진정한 만족을 찾는 사람이나, 하나님 나라를 위해 독신으로…그 심오한 소명을 표현할 수 있는 사람 *모두에게 적합한 보물로서 인간의 성*을 발견하도록 이끈다.(2)

우리는 참으로 어두운 시대에 살고 있지만, "빛이 어둠에 비치되 어둠이 깨닫지 못하더라"(요 1:5)는 사실을 잊지 말아야 한다. 우리는 소망의 사람들이며, 신랑은 신부를 위해 멋진 봄날을 준비하고 있다(아 2:11~13 참고). 이 겨울에서 약속된 봄으로 어떻게 넘어갈 수 있을까? 만약 우리가 위에서 언급한 현대 세계의 병을 진단할 수 있다면 치료법도 알 수 있다. 여기에 그 치료법이 있다. 우리는 하나님으로부터 영감을 받은 인간 몸의 아름다움에 대한 *본래의 경이로움*을 회복해야 한다. 우리는 결코 이용해 먹거나 착취하고 조종하거나 버려서는 안 되는 존엄성을 지닌 사람의 *인격적* 계시를 인간의 몸에서 반드시 인식해야 한다. 우리는 인간의 성관계와 성이라는 *보물*을 우리 인류에 내재된 하나님의 형상에 대한 엄청난 예표로 재발견해야 한다. 더불어 결혼이나 하나님의 나라를 위한 독신으로 우리 자신의 삶을 신실하게 내어드림으로써, 우리의 자유를 이 하나님의 형상대로 사는 데 사용하라는 부르심으로서의 성과 성관계의 의미를 되찾아야만 한다. 그리고 앞서 말한 모든 내용은, 예수 그리스도 안에서 *육신이 되신* 하나님의 말씀인 성경에서 발견되는 남성성과 여성성에 대한 깊은 이해를 통해서 정확하게 행할 수 있다.

이것이 바로 요한 바오로 2세의 "몸의 신학"이 제공하는 것이다. 그리고 이 책을 읽은 독자는 이제 이 신학을 알게 된 아주 소수의 사람 중 하나가 되었다. 그 책임감을 느끼며 무엇을 해야 할까? 독자에게 떨어진 이 씨앗을 가지고 무엇을 할 것인가? 필자는 독자 여러분에게 호소한다. 공중의 새들이 먹어 버리지 않게 하자. 습기가 부족해서 씨앗이 죽지 않게 하자. 이 세상의 걱정들이 그 씨앗들을 질식시키지 않게 하자(눅 8:4-15 참조). 더 깊이 "몸의 신학"을 공부하면서 흙을 돌보고 씨앗에 물을 주기 바란다. 아래와 같이 이 여정을 계속 이어갈 수 있는 몇 가지 방법을 제안해 본다.

- 글로벌 온라인 커뮤니티에 가입하여 전 세계의 남성과 여성들과 지속적인 교육을 받는 것을 고려해 보자. 더 자세한 내용은 theologyofthebody.com을 방문하여 확인할 수 있다.

- 적성에 맞는 독자라면, 요한 바오로 2세의 『몸의 신학』(Man and Woman He Created Them: A Theology of the Body)을 읽어 보기 바란다. 그 책의 학문적 접근 방식이 어려우면 필자가 내용을 확장해서 집필한 해설서인 『몸의 신학 해설서』(Theology of the Body Explained)와 함께 읽으면 된다.

- theologyofthebody.com을 방문하여 "쇼핑하기"(Shop) 메

뉴를 클릭하면 다양한 책과 추가 자료의 목록을 볼 수 있다.
- 다른 저자의 글도 살펴보자. 각자 강조하는 내용과 통찰이 담겨있는 좋은 자료가 많이 있다. 온라인에서 "몸의 신학 자료"(theology of the body resources)를 검색하여 탐색해 보자.
- '몸의 신학 연구소'에서 5일간의 집중 과정을 수강하는 것도 고려해 보자. 더 자세한 내용은 theologyofthebody.com에서 얻을 수 있다.

"몸의 신학"이 우리 시대의 위기에 대한 해답을 제시한다면, 그것은 "몸의 신학"이 세상에 어떤 "심오한 가르침"을 제공하기 때문이 아니다. 오히려 현대 세계와, 그리스도와 그의 신부인 교회를 향한 그분의 사랑이라는 "심오한 비밀"을 다시 연결해 주기 때문이다. "우리는 이 시대의 큰 도전에 직면했을 때 마법의 공식을 찾을 수 있을 것이라는 순진한 기대에 현혹되지 않는다. 아니, 우리는 어떤 공식으로 구원을 받는 게 아니라, 단 **한 사람**을 통해, 그분이 우리에게 주시는 *내가 너와 함께 한다!*는 확신의 메시지로 구원을 받는다."(3)

신랑 되신 그리스도께서 우리와 함께 계시며, 그분은 모든 영광 중에 "곧 오실" 것이다(계 22:7 참고). 이것이 바로 우리가 지금 세상에서 일어나는 모든 일을 견디게 하는 힘이다. 몸, 성행위, 성, 결혼, 가족의 의미가 심판과 정죄를 받고 조롱당하며 거절되고, 사람들이 침을 뱉고, 채찍질을 당하고 십자가에 못 박히고 있다. 하지만 "사흘"이 지나면 무슨 일이 일어나는지 지켜보자. "사흘째 되던 날 갈릴리 가나에 혼례가 있어"(요 2:1). 예수님은 남녀 관계를 회복시키는 일을 항상 하나님의 포도주로 하신다! 이것이 우리의 산 소망이다. 이것이 바로 "몸의 신학"

이 제시하는 소망이다. 우리가 이 소망을 세상과 나눈다면, 우리가 사는 이 땅의 모습을 새롭게 하는 데 부족함이 없을 것이다.

성령과 신부가 말씀하시기를 "오라" 하시는도다 듣는 자도 "오라" 할 것이요 목마른 자도 올 것이요 또 원하는 자는 값없이 생명수를 받으라 하시더라. (계 22:17)

미주

들어가는 글

1. Christopher West, Fill These Hearts: God, Sex, and the Universal Longing (New York: Image, 2013), 23.
2. Joseph Jalsavec, "A Baptist's Opposition to Contraception," The Interim, August 18, 2010, http://www.theinterim.com/issues/marriage-family/a-baptist%E2%80%99s-opposition-to-contraception에서 인용.

Chapter 01

1. George Weigel, Witness to Hope: The Biography of Pope John Paul II (New York: HarperCollins, 1999), 343, 853.
2. John Paul II, Man and Woman He Created Them: A Theology of the Body (이하 "TOB") (Boston: Pauline Books, 2006), 46:6. 『몸의 신학』(가톨릭대학교출판부)
3. TOB 69:8.
4. TOB 49:3.
5. TOB 102:5.
6. C. S. Lewis, Mere Christianity (New York: HarperOne, 1952), 64. 『순전한 기독교』(홍성사)
7. TOB 45:3.
8. Lewis, Mere Christianity, 98. 『순전한 기독교』(홍성사)
9. Matthew Lee Anderson, Earthen Vessels: Why Our Bodies Matter to Our Faith (Minneapolis: Bethany House, 2011), 31.
10. TOB 23:4.
11. TOB 19:4.

12. TOB 40:4.
13. Dennis Kinlaw, Let's Start with Jesus (Grand Rapids: Zondervan, 2005), 28-29.
14. Kinlaw, Let's Start with Jesus, 13.
15. John Paul II, Mulieris Dignitatem, apostolic letter, August 15, 1988, §26, http://w2.vatican.va/content/john-paul-ii/en/apost_letters/1988/documents/hf_jp-ii_apl_15081988_mulieris-dignitatem.html.
16. TOB 95b:1 참고.
17. John Dillenberger, ed., Martin Luther: Selections from His Writings (New York: Anchor, 1962), 60.
18. Nicholas Cabasilas, La vie en Jesus Christ [Life in Jesus Christ], 2nd ed. (Chevetogne, 1960), 153.
19. Augustine of Hippo, Sermo Suppositus 120:3 (크리스토퍼 웨스트 역).
20. TOB 87:3 참고.
21. TOB 87:6.
22. John Paul II, Mulieris Dignitatem, §26.
23. TOB 115:2.
24. John Paul II, Letter to Families, February 2, 1994, §23, http://w2.vatican.va/content/john-paul-ii/en/letters/1994/documents/hf_jp-ii_let_02021994_families.html. 『전세계 가정에게-전세계 가정에 보내는 교황 요한 바오로 2세의 편지』(장락)
25. Karol Wojtyla, Love and Responsibility (San Francisco: Ignatius, 1993), 66. 『사랑과 책임』(누엔)
26. John Paul II, Evangelium Vitae, encyclical letter, March 25, 1995, §97, http://w2.vatican.va/content/john-paul-ii/en/encyclicals/documents/hf_jp-ii_enc_25031995_evangelium-vitae.html.

Chapter 02

1. Jessica Guynn, "Facebook's New Gender Option: Fill in the Blank," USA Today, February 26, 2015, https://www.usatoday.com/story/tech/2015/02/26/facebook-gender-option-fill-in-the-blank/24059551.
2. Karol Wojtyla, Love and Responsibility (San Francisco: Ignatius, 1993), 47. 『사랑

과 책임』(누엔)

3. TOB 11:1.
4. Christopher West, Theology of the Body Explained: A Commentary on John Paul II's "Man and Woman He Created Them" (Boston: Pauline Books and Media, 2007). 『몸의 신학 해설서』(서강대학교 출판부)
5. TOB 7:2.
6. TOB 9:3.
7. Tim Keller, "The Gospel and Sex," accessed November 20, 2018, http://www.christ2rculture.com/resources/Ministry-Blog/The-Gospel-and-Sex-by-Tim-Keller.pdf.
8. TOB 13:1.
9. TOB 15:1.
10. TOB 19:5.
11. TOB 15:1.
12. TOB 15:1.
13. TOB 15:5.
14. TOB 18:4.
15. TOB 15:5.

Chapter 03

1. Father Raniero Cantalamessa, "The Two Faces of Love," First Lenten Sermon to the Roman Curia, March 25, 2011, https://zenit.org/articles/father-cantalamessa-s-1st-lenten-sermon-2.
2. TOB 115:5.
3. TOB 45:3 참고.
4. TOB 51n61.
5. TOB 48:1.
6. TOB 43:7.
7. TOB 43:2.
8. TOB 33:2.

9. TOB 43:5.
10. TOB 25:2 참고.
11. TOB 46:6 참고.
12. Dallas Willard, The Divine Conspiracy: Rediscovering Our Hidden Life in God (New York: HarperOne, 1997), 35-59. 『하나님의 모략』(복있는 사람)
13. Dallas Willard, The Great Omission: Reclaiming Jesus's Essential Teachings on Discipleship (New York: HarperOne, 2014), 34. 『잊혀진 제자도』(복있는 사람)
14. TOB 20:1.
15. TOB 32:6.
16. TOB 29:4 참고.
17. TOB 40:4 참고.
18. TOB 28:3.
19. TOB 27:1.
20. TOB 45:3.
21. John Paul II, Dominum et Vivificantem, encyclical letter, May 18, 1986, §51, http://w2.vatican.va/content/john-paul-ii/en/encyclicals/documents/hf_jp-ii_enc_18051986_dominum-et-vivificantem.html.
22. TOB 46:5 참고.
23. TOB 46:5.
24. TOB 43:6 참고.
25. Karol Wojtyla, Love and Responsibility (San Francisco: Ignatius, 1993), 170-71. 『사랑과 책임』(누엔)
26. John Paul II, Veritatis Splendor, encyclical letter, August 6, 1993, §15, http://w2.vatican.va/content/john-paul-ii/en/encyclicals/documents/hf_jp-ii_enc_06081993_veritatis-splendor.html. 『진리의 광채』(한국천주교중앙협의회)
27. TOB 58:7.
28. TOB 57:3.
29. Alexander Men, Son of Man: The Story of Christ and Christianity (Oosterhout, Netherlands: Oakwood, 1998), 93.
30. John Paul II, "Celebration of the Unveiling of the Restorations of Michelangelo's

Frescos in the Sistine Chapel," homily, April 8, 1994, §6, http://w2.vatican.va/content/john-paul-ii/en/homilies/1994/documents/hf_jp-ii_hom_19940408_restauri-sistina.html.

31. TOB 63:5.
32. TOB 63:5.
33. John Paul II, Veritatis Splendor, §103. 『진리의 광채』(한국천주교중앙협의회)
34. Wojtyla, Love and Responsibility, 190–91. 『사랑과 책임』(누엔)
35. TOB 46:4.
36. TOB 46:6.
37. TOB 128:1.
38. C. S. Lewis, The Great Divorce (New York: Macmillan, 1946), 104. 『천국과 지옥의 이혼』(홍성사)
39. TOB 32:3.
40. TOB 129:5.
41. TOB 48:1.
42. TOB 117b:5.
43. TOB 48:4.

Chapter 04

1. Matthew Lee Anderson, Earthen Vessels: Why Our Bodies Matter to Our Faith (Minneapolis: Bethany House, 2011), 38, citing N. T. Wright, Surprised by Hope (New York: HarperCollins, 2008).
2. TOB 66:6.
3. Peter Kreeft, Everything You Ever Wanted to Know about Heaven (San Francisco: Ignatius, 1990), 93.
4. TOB 67:1.
5. Rick Warren, "The Biblical Meaning of Marriage," address at Humanum Colloquium, November 18, 2014.
6. Dennis Kinlaw, Let's Start with Jesus (Grand Rapids: Zondervan, 2005), 62.
7. C. S. Lewis, The Weight of Glory (New York: HarperCollins, 2001), 26. 『영광의 무

계』(홍성사)

8. Tim Keller, "The Gospel and Sex," accessed November 20, 2018, http://www.christ2rculture.com/resources/Ministry-Blog/The-Gospel-and-Sex-by-Tim-Keller.pdf.

9. Karol Wojtyla, Love and Responsibility (San Francisco: Ignatius, 1993), 255. 『사랑과 책임』(누엔)

10. Anderson, Earthen Vessels, 131.

11. TOB 75:1.

12. Lewis, The Weight of Glory, 42. 『영광의 무게』(홍성사)

13. TOB 68:4.

14. TOB 15:1.

15. TOB 67:3.

16. TOB 69:5 참고.

17. TOB 75:1.

18. Keller, "The Gospel and Sex."

19. John Eldredge, The Journey of Desire (Nashville: Nelson, 2000), 141-42. 『욕망으로의 여행』(좋은씨앗)

20. John Paul II, Novo Millennio Ineunte, apostolic letter, January 6, 2001, §33, http://w2.vatican.va/content/john-paul-ii/en/apost_letters/2001/documents/hf_jp-ii_apl_20010106_novo-millennio-ineunte.html.

21. John Paul II, Novo Millennio Ineunte, §33.

Chapter 05

1. TOB 79:6.

2. Karol Wojtyla, Love and Responsibility (San Francisco: Ignatius, 1993), 140. 『사랑과 책임』(누엔)

3. TOB 92:3.

4. TOB 95b:7.

5. TOB 87:6.

6. John Paul II, Letter to Families, February 2, 1994, §19, http://w2.vatican.va/content/john-paul-ii/en/letters/1994/documents/hf_jp-ii_let_02021994_families.html. 『전세계 가정에게-전세계 가정에 보내는 교황 요한 바오로 2세의 편지』(장락)
7. TOB 87:3, 6.
8. TOB 95:7.
9. TOB 89:7.
10. TOB 89:5, 6.
11. TOB 89:3, 4.
12. TOB 90:2; 89:4 참고.
13. TOB 117b:4.
14. TOB 58:7.
15. TOB 90:2.
16. TOB 92:6.
17. Wojtyla, Love and Responsibility, 272, 275. 『사랑과 책임』(누엔)
18. TOB 90:2.
19. John Paul II, Mulieris Dignitatem, apostolic letter, August 15, 1988, §27, http://w2.vatican.va/content/john-paul-ii/en/apost_letters/1988/documents/hf_jp-ii_apl_15081988_mulieris-dignitatem.html.
20. TOB 95:7 참고.
21. TOB 97:2.
22. John Paul II, Redemptor Hominis, encyclical letter, March 4, 1979, §1, http://w2.vatican.va/content/john-paul-ii/en/encyclicals/documents/hf_jp-ii_enc_04031979_redemptor-hominis.html.
23. TOB 96:5.
24. TOB 93:1.
25. TOB 91:8.
26. TOB 96:6; 19:4.
27. TOB 93:5 참고.
28. TOB 97:4.
29. TOB 97:5.

30. TOB 95b:7 참고.
31. TOB 102:5.

Chapter 06

1. TOB 13:1.
2. Karol Wojtyla, Love and Responsibility (San Francisco: Ignatius, 1993), 135. 『사랑과 책임』(누엔)
3. 정교회와 가톨릭 교회 외에는 토빗기를 성경의 정경으로 간주하여 교리에 결정적인 책으로 여기는 사람은 거의 없지만, 여러 개신교 교단에서는 여전히 이 고대 지혜서를 인정하고 "삶의 모범으로"(영국 성공회 39개조 신조, 6조) 읽기를 권장한다. 우리가 토비야와 사라의 결혼 이야기를 돌아보는 이유는 바로 "삶의 모범"이다.
4. Christopher West, Fill These Hearts: God, Sex, and the Universal Longing (New York: Image, 2013), 87-89.
5. TOB 123:4.
6. TOB 103:2.
7. TOB 103:3.
8. Tim Keller, "The Gospel and Sex," accessed November 20, 2018, http://www.christ2rculture.com/resources/Ministry-Blog/The-Gospel-and-Sex-by-Tim-Keller.pdf.
9. TOB 106:4 참고.
10. TOB 115:2, 3.
11. Melinda Selmys, "Divorce: In the Image and Likeness of Hell," National Catholic Register, September 25, 2007, http://www.ncregister.com/site/article/divorce_in_the_image_and_likeness_of_hell.
12. Keller, "The Gospel and Sex."
13. Gregory, Homilies on the Song of Songs 1, in Richard A. Norris, trans. and ed., The Song of Songs as Interpreted by Early Christian and Medieval Commentators (Grand Rapids: Eerdmans, 2003), 18.
14. TOB 108nn95, 97.
15. TOB 108n96.
16. TOB 108n97.

17. TOB 110:1.
18. TOB 110:1.
19. TOB 110:2.
20. C. S. Lewis, Mere Christianity (New York: HarperOne, 1952), 98. 『순전한 기독교』(홍성사).
21. TOB 110:8.
22. TOB 110:7.
23. TOB 110:7 참고.
24. TOB 111:4.
25. TOB 109:2.
26. TOB 111:5.
27. TOB 111:6.
28. 위 3번 주석 참고.
29. TOB 111:6.
30. TOB, p. 597.
31. TOB, p. 601.
32. TOB 116:2 참고.
33. TOB 115:2.
34. TOB 117:2.
35. TOB 116:5.
36. John Paul II, Familiaris Consortio, apostolic exhortation, November 22, 1981, § 13, http://w2.vatican.va/content/john-paul-ii/en/apost_exhortations/documents/hf_jp-ii_exh_19811122_familiaris-consortio.html. 『가정공동체』(한국천주교중앙협의회)
37. Christopher West, Heaven's Song: Sexual Love as It Was Meant to Be (West Chester, PA: Ascension, 2008), 130.
38. TOB 12:5n22.

Chapter 07

1. Rick Warren, interview by Raymond Arroyo, World Over, November 20, 2014, https://youtu.be/Pzw8rzldRMs (emphasis added).
2. Rick Warren, "The Biblical Meaning of Marriage," address at Humanum Colloquium, November 18, 2014.
3. Warren, "The Biblical Meaning of Marriage."
4. Randy Alcorn, "What Is Your View on Birth Control?," Eternal Perspective Ministries, February 15, 2010, https://www.epm.org/resources/2010/Feb/15/what-your-view-birth-control.
5. Quoted in Nancy Gibbs, "Love, Sex, Freedom, and the Paradox of the Pill," Time, May 3, 2010.
6. Sigmund Freud, Introductory Lectures in Psychoanalysis (New York: Norton, 1966), 392.
7. Theodore Roosevelt, State Papers as Governor and President, vol. 17 of Works of Theodore Roosevelt, National Edition, 20 vols. (New York: Charles Scribner's Sons, 1926), 442.
8. Mahatma Gandhi, India of My Dreams (New Delhi: Rajpal & Sons, 2009), 219–20.
9. "Forgetting Religion," Washington Post, March 22, 1931.
10. T. S. Eliot, "Thoughts after Lambeth," from Selected Essays (London: Faber 1972), 332.
11. 이 이슈에 관한 다양한 연구 자료는 다음 링크 참고: Claudio Sanchez, "Poverty, Dropouts, Pregnancy, Suicide: What The Numbers Say About Fatherless Kids," NPR, June 18, 2017, https://www.npr.org/sections/ed/2017/06/18/533062607/poverty-dropouts-pregnancy-suicide-what-the-numbers-say-about-fatherless-kids.
12. Rowan Williams, "The Body's Grace," in Theology and Sexuality: Classic and Contemporary Readings, ed. Eugene F. Rogers Jr. (Malden, MA: Blackwell, 2002), 320.
13. Richard Hays, The Moral Vision of the New Testament: Community, Cross, New Creation (New York: Harper, 1996), 386. 『신약의 윤리적 비전』(누엔) (IVP)
14. TOB 118:3.
15. TOB 37:6 참고.
16. TOB 118:4.

17. TOB 105:6; 106:3.
18. 예시: Google "Quiverfull,".
19. Karol Wojtyla, Love and Responsibility (San Francisco: Ignatius, 1993), 167. 『사랑과 책임』(누엔)
20. C. S. Lewis, Mere Christianity (New York: HarperOne, 1952), 96. 『순전한 기독교』(홍성사)
21. TOB 129:5 참고.
22. TOB 48:1.
23. TOB 117b:5.
24. TOB 128:3 참고.
25. TOB 128:3.
26. TOB 101:6 참고.
27. TOB 46:5.
28. TOB 132:2.
29. TOB 132:2.
30. TOB 131:5.
31. TOB 107:3 참고.

맺는 글

1. Lorenzo Albacete, "Theology of the Body," lecture at University of San Francisco, Flocchini Forum, 1995.
2. John Paul II, Letter to Families, February 2, 1994, §19, http://w2.vatican.va/content/john-paul-ii/en/letters/1994/documents/hf_jp-ii_let_02021994_families.html. 『전세계 가정에게-전세계 가정에 보내는 교황 요한 바오로 2세의 편지』(장락)
3. John Paul II, Novo Millennio Ineunte, apostolic letter, January 6, 2001, §29, http://w2.vatican.va/content/john-paul-ii/en/apost_letters/2001/documents/hf_jp-ii_apl_20010106_novo-millennio-ineunte.html.

감사의 글

원고의 초고를 읽어주고 건설적인 피드백을 제공한 글렌 스탠튼, 마이크 멧저(Mike Metzger), 존 실(John Seel), 케이티 틴덜(Katie Tyndall), 폴 르랜드(Paul Leland), (특히 루터에 대한 언급과 관련해서) 토리 보컴(Tory Baucum), 리처드 마르크스(Richard Marks), 스펜서 밀키(Spencer Mielki), 팀 시사리치(Tim Sisarich), 앤드류 프랭클린(Andrew Franklin), 샘과 메리 안드리데스(Sam and Mary Kay Andreades), 대니얼 바이스(Daniel Weiss)에게 감사의 마음을 전한다.

또한 베이커 및 브레이조스 출판사(Baker/Brazos Press)의 모든 훌륭한 분들과 필자를 연결해 준 출판 에이전트, 마크 오스트라이커(Mark Oestreicher; "Mark-O")에게도 감사의 말씀을 전하고 싶다. 수년 동안 많은 훌륭한 출판사와 일해 왔지만 브레이조스 출판사 만큼 도움이 되고 철저하며 전문적인 출판사는 없었다.

작가 소개

작가 크리스토퍼 웨스트는 자랑스러운 남편이자 다섯 아이의 아버지이며, 필라델피아 인근의 '몸의 신학 연구소'의 대표이자 선임 강사로 활동하고 있다. 그의 강의, 베스트셀러 도서, 다수의 오디오 및 비디오 프로그램은 전 세계적으로 교파를 초월하여 요한 바오로 2세의 "몸의 신학"에 대한 국제적인 관심을 불러일으켰다. 그의 연구는 〈뉴욕타임즈〉와 〈ABC 뉴스〉, 〈폭스 뉴스〉, 〈MSNBC〉 및 수많은 개신교와 가톨릭 언론 매체에 소개되었다.

옮긴이 안수연은 서강대학교에서 영어영문학을 전공하고 단국대학교에서 영어교육학 석사를 취득했다. 콜롬비아 대학교에서 TESOL 과정을 이수하였고 '콜슨 펠로우 한국 지부'에서 리더로, 세인트 폴 아카데미에서 이사로 섬기고 있다.